많이 좋아졌네요

차례

1화. 재난의 시작	006
2화. 쉼표 없는 근로	034
3화. 산재, 보현의 사고	060
4화. 독감과 슬픈 연말	080
5화. 후퇴하는 몸	110
6화. 퇴원 요구	130
7화. 명절	162
8화. 재활의학과	182
9화. 기도하는 손	208
10화. 조용한 희망	238
11화. 환자들의 작은 동네	262
12화. 많이 좋아졌네요	288
13화. 성년후견인	318
14화. 대변되지 않는 삶	348
15화. 끝나지 않는 밀어내기	382
에필로그	412

1화
재난의 시작

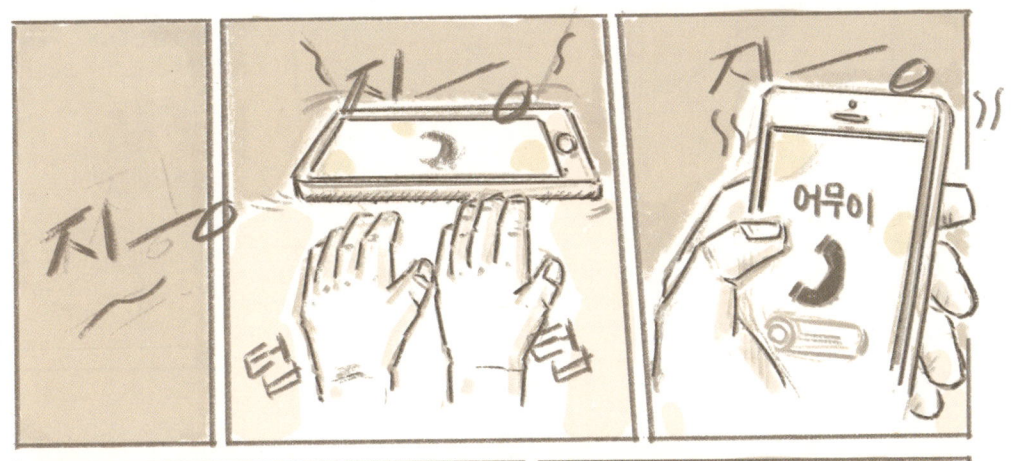

출근을 하지 않는다는 거짓말만 빼면,

나의 하루와

나의 세계는

제법 일정하고

규칙적이다.

직장에 가지 않으며 이런 생활을 유지하는 이유는

그림을 그리고 싶어서다.

말로는 참 간단한데

똑 똑

이런 말을 듣고 반응하는 엄마의 불안을 감당할 자신이....

똑— 똑—

직장에서 계약직 문제로 노조를 하였고, 1인시위부터 파업까지 벌어진 겨울에 대해

그리고 나의 계약만료에 대해

아직은 말할 수 없다.

아침의 작은 거짓말만 빼면, 이날 아침과 하루도 여느 날과 같았다.

오늘은 전시가 있는 날이다.

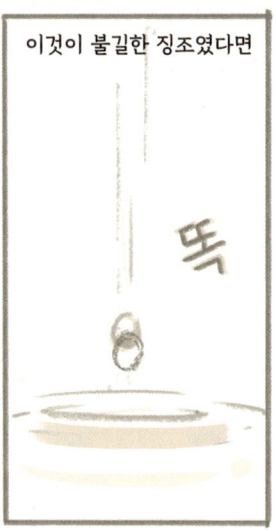
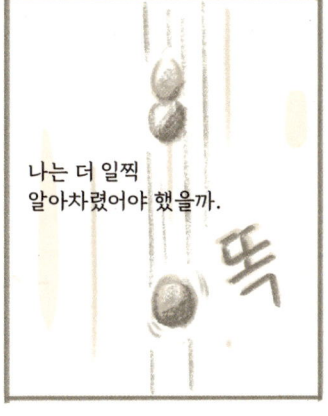

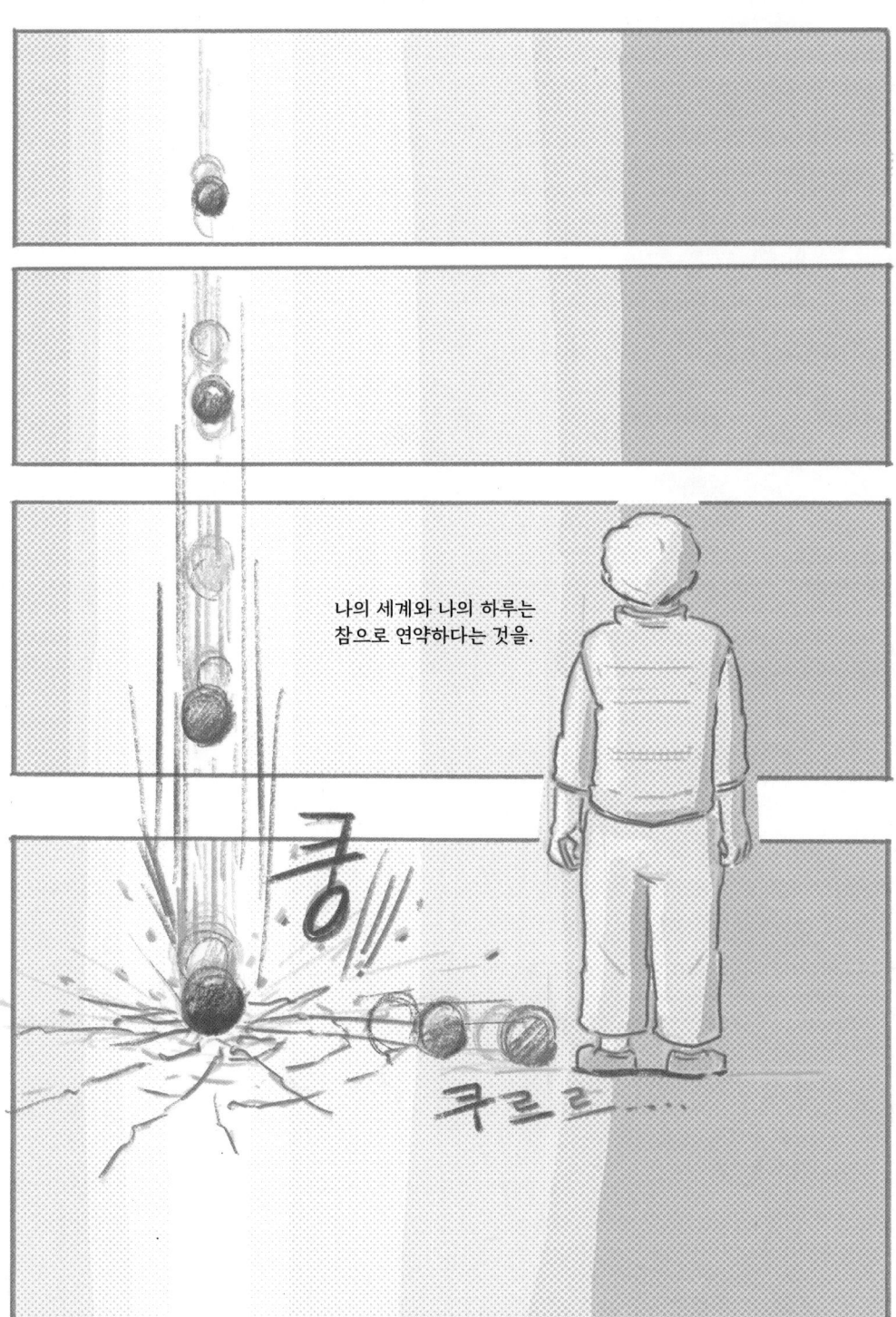

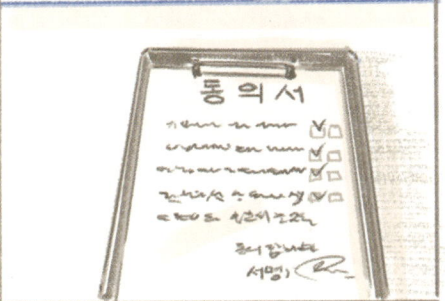

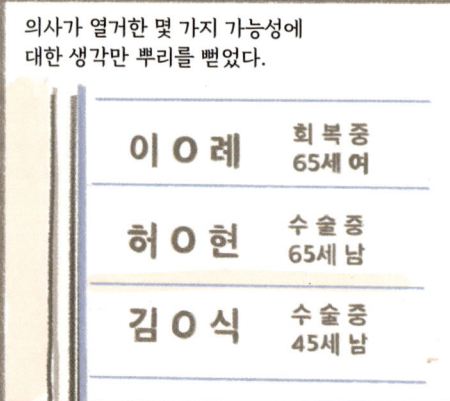

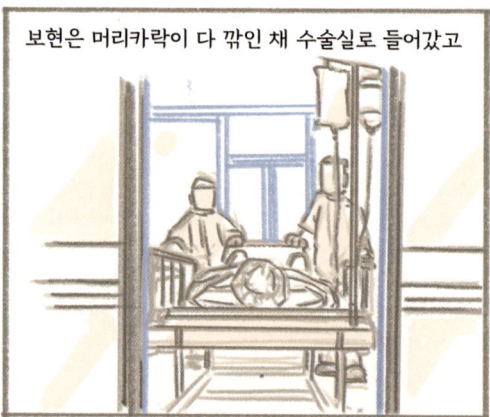

형은 연차를 더 쓸 수 없어서 직장으로,
피로가 부쩍 눈에 띄는 엄마는 집으로,

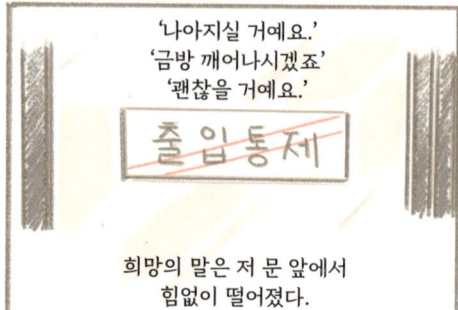

카페라떼 한 잔 주세요.

분주한 카페 소음과 냄새에 뒤섞여있으면, 아무 일 없었던 것 같은 착각.

햇볕이 잘 드는 창가에서 잠시 햇볕을 쬐며

의사의 말을 되뇌며 오전 면회를 기다린다.

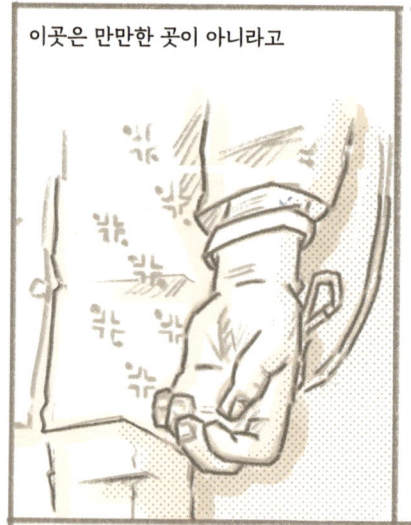

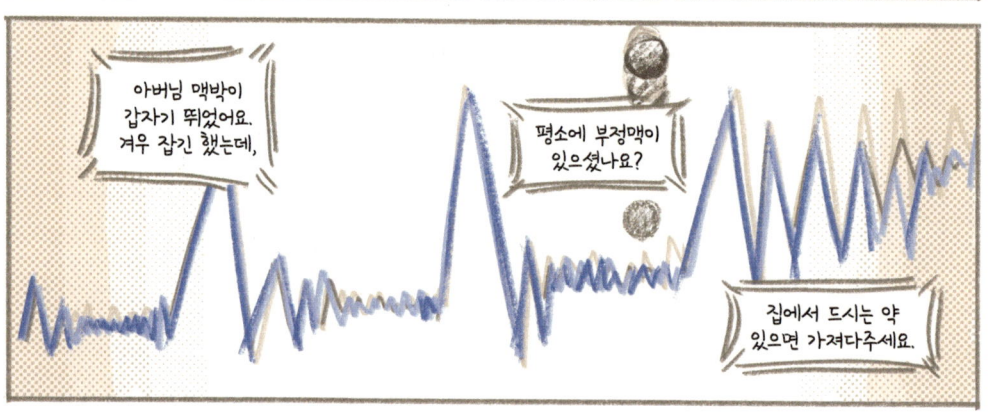

이 년 전 보현은 갑자기 두근거리는 심장으로 이 병원 응급실에 왔었다.

그때부터 부정맥 약을 복용하였다.

다시 일 년 뒤 할머니 임종을 준비하는 중에 심장이 뛰어 응급실로 향했었다.

둘 다 내가 모르던 장면이었다.

보현과 경숙은 그런 일들이 한참 지나고 나서야 넌지시 들려주었다.

평온하다고 착각하며 지나온 날들 속에

어지러운 날은 숨어있었다.

의료 체계는 뚝뚝 끊어져 있었고
그때마다 보호자가 호명되었다.

끊어진 곳을 이어나가기 위해 돈, 서류를
이해하는 행정력, 그리고 기동력이 있어야 한다.

회계와 행정, 운전을 할 줄 모르면
보호자 역할은 할 수 없어 보였다.

시간이 유연한 나는
이곳에 더 머물기로 했다.

2화
쉼표 없는 근로

커피물이 똑똑
떨어지는 소리에 잠시

일상적이라는
착각을 느낀다.

드로잉 노트, 2B 연필, 시집 한 권을 가방에 넣는다. 이런 익숙한 것에 마음 기대는 날들.

병원으로 가는 동선은 익숙해졌는데,

버스나 엘리베이터를 기다리는 마음은 늘 초조하다.

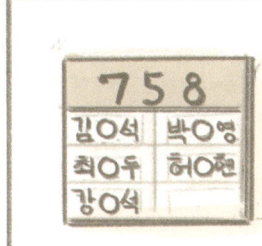

병실에는 밤새 보현의 곁을 지킨
경숙과 간병인 아주머니가 있다.

중환자실에 머문 지 2주 차가 되자 일반병동으로 배출되었다.

아직 의식이 돌아오지 않았기에 우리에게는 전혀 예상치 못한 소식이었다.

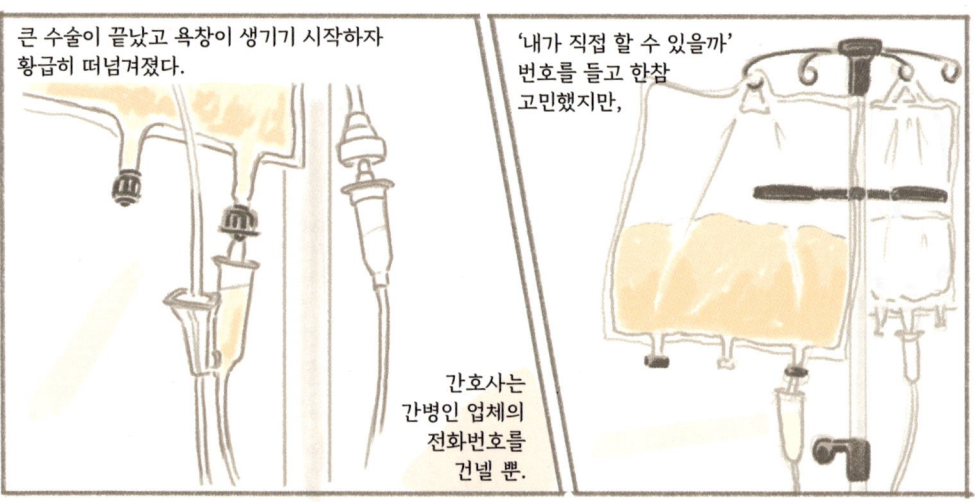
큰 수술이 끝났고 욕창이 생기기 시작하자 황급히 떠넘겨졌다.

간호사는 간병인 업체의 전화번호를 건넬 뿐.

'내가 직접 할 수 있을까' 번호를 들고 한참 고민했지만,

177cm 80kg의 건장한 체구의 아직 의식도 없는 환자를

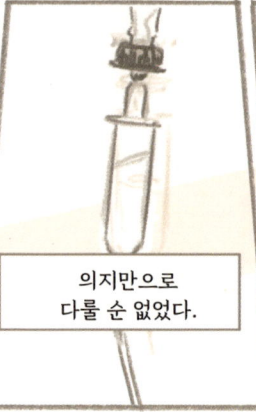
의지만으로 다룰 순 없었다.

무엇보다 경숙이 자신을 가누지 않고 뛰어들 것이기에

전화번호를 눌렀다.

보현의 의식은 온전히
돌아오지 않았고

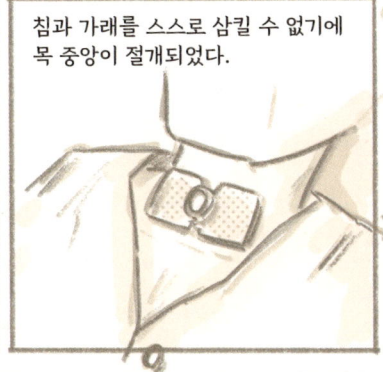
침과 가래를 스스로 삼킬 수 없기에
목 중앙이 절개되었다.

절개된
숨구멍으로
석션관을 넣어
수시로 가래를
빼줘야 한다.

욕창이 시작된 부위는 소독이 들어갔고,
2시간마다 체위변경이 요구되었다.

식사는 위와 코를 연결한
콧줄이라는 호스에
유동식을 데워서
끼니마다 넣어준다.

소변줄에 연결된
오줌주머니를
비워야 하며

수술 부작용으로 열과 폐렴이 동반되어서
식후 30분간 호흡기 치료가 들어간다.

몸의 주인이 사라진 보현의 몸은
1.5인분의 간병이 필요했다.

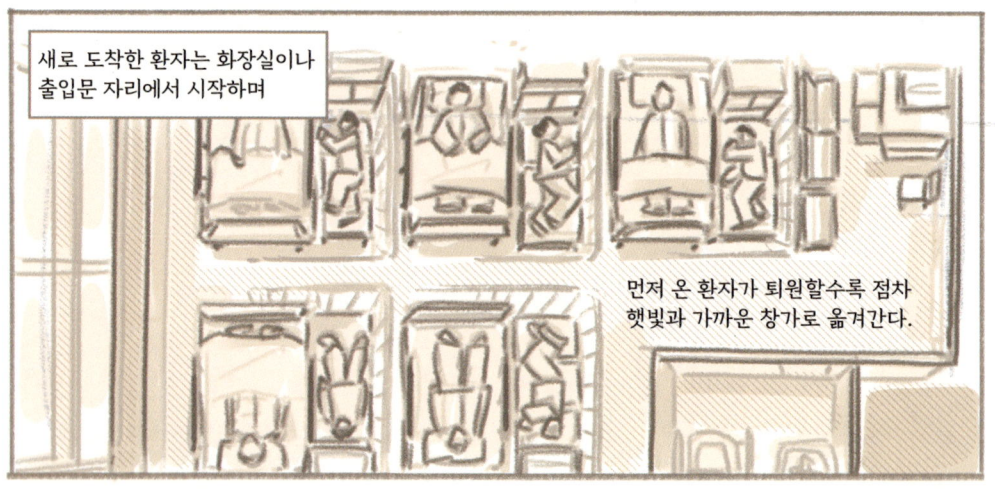

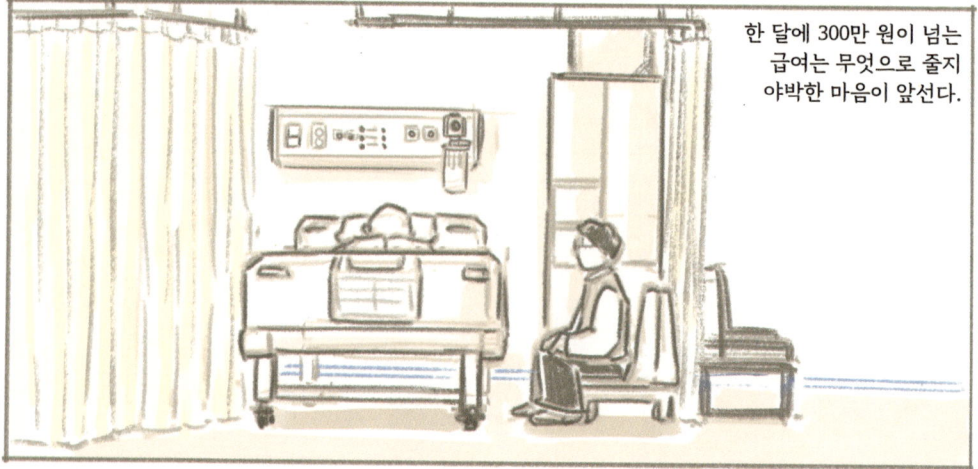

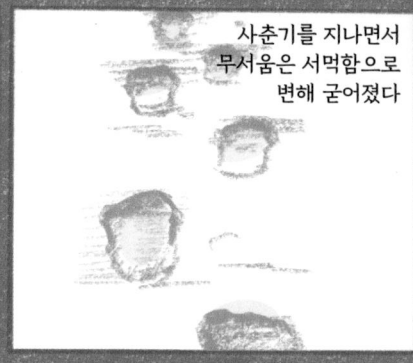

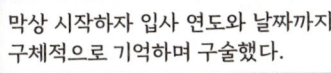

군대 다녀오니까 79년도인데
새마을운동으로 초가지붕이 슬레이트로 바뀌고,
도시에 큰 공장들 생기고, 세상이 바뀌는 거야.

신문에 포항제철이랑 한일합섬 공고가 있어서 할아버지 몰래 시험 봤는데 합격이지 뭐.

그때는 군필 하고 고졸이면 다 취업이니까.
겨울에 제대해서 4월 22일 날 한일합섬에 입사했지.

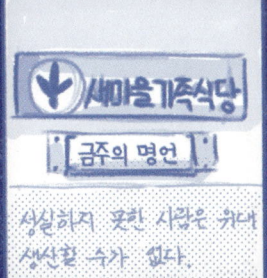

아버지는 3교대였거든.

3교대는 여섯 시 반,
두 시 반, 열 시 반 출근이야.

아버지가 열 시에 야간근무 들어간 날은 새벽에 나오거든.

그럼 퇴근하고 버스 타고 발안까지 내려가서 터미널에 자전거 세워둔 거 타고 다시 향남까지로 들어가.

그리고 논일하고 잠깐 두세 시간 자다가 또 공장 돌아와서 근무 들어가.

한창 농번기에는 그렇게 일 많이 했지.

새벽 두 시, 세 시 되면 피가 마르지.

어쩌냐, 할아버지가 나만 기다리는데.

식사 시간에 밥 안 먹고 자고 밥 일찍 먹고 와서 자고 그랬지 뭐.

돈도 월급 아니고 일당이었어.
노동력 착취를 많이 했지.
명절 삼 일 빼고 기계를 안 꺼.
24시간 돌아간 거지.

79년이니까 박정희에서 전두환으로 넘어올 때고
87년 6.29 노동자들이 들고일어나기 전까지

근로자 환경은 형편없었어.
우리 공장 직원들도 그때 같이 들고일어섰고,
노사분규 하고 나서야 급여도 오르고 괜찮아졌지.

그렇게 공장 일을
94년도까지 했나 보네.
14년 정도.

그 사이 중매로 결혼하고 너네 키우고
저축해서 집도 사고 그랬네.

IMF 오기 전부터
가장 먼저 어려워진 게 섬유공장이라

시대가 바뀐 건지, 우리나라도 조금씩
잘살게 되면서 이런 일 안 하려고 하고
사양산업이 되어갔지.

경영진이 다음 산업을 준비하지 않고
기계는 중국, 인도네시아, 인도로 팔고
공장 부지는 아파트 부지로 팔면서
회사가 망해간 거지.

직원들은 명예퇴직으로 많이 내보냈어.

아버지는 될 수 있으면 안 나오려 버텼어.
노조 리스트에 이름 있다고 서울로 발령 내는데,
안 그만두고 2년 더 다녔지.
공장만 다녔는데 나와서 뭘 하나

나이 마흔에 너랑 형 중고등학교인데
한창 돈 들어갈 때 아니냐.

서울 중구에 상설매장 맡아서 해보다가

조금 해보니까 돈 되는 거 같아서 평택에 가게 내고 1년 했나.

바로 IMF 오고 접었지 뭐. 아버지는 사업할 팔자는 아니더라고.

아빠 노는 거 아니다.

네, 알아요. 하하.

아버지가 쉬니까 엄마가 고깃집 서빙하러 다녔어. 형 고3 때니까. 뭐라도 시작했어야 했는데...

그때는 방황했던 거 같아. 앞이 캄캄한데도 사람이 십 년 넘게 하던 일이 없어지니

바로 다른 직업으로 대체가 안 되더라고.

막일도 나가보고,
다시 농사도 지어보고 해봤는데
힘들어. 돈도 안 되고.

사람이 방황하게
되는 기간이 있더라고.

길면 안 되겠지만.

2년을 방황하다가
공장 다닌 것도 경력이라고
아파트 난방기사 연결돼서

그때부터
아파트 관리사무소
일하러 다닌 거야.

아파트에서 초라한 거...
자존심 상하는 일은 많이 있었는데.

지금은 뭐 서로 하겠다고 난리잖아.
이 나이에 계속 월급 받고 다행이지.

그의 삶은 겹겹이 노동으로 이어져있었다.

평생 농사꾼으로 지낼 줄 알았던 그의 삶은
시대가 변함에 따라 도시의 젊은 노동자가 되었고

경숙을 만나 두 아들을 낳고
쉬지 않고 일을 했다.

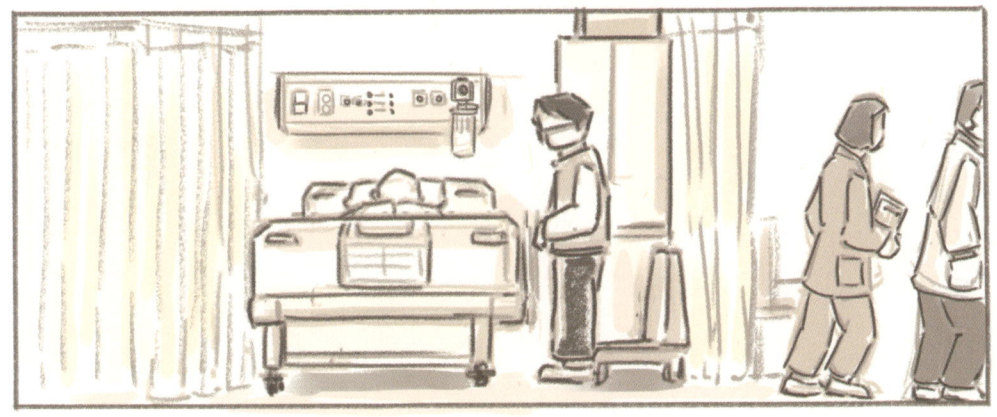

3화

산재, 보현의 사고

1층 로비에 내려가면 많은 사람들로 북적거린다.

생명을 다루는 현장의 가장 이질적인 풍경.

매주 이런 숫자가 밀려든다면 답이 없었다.

보현의 지갑과 카드를 넘겨받아도 이 너머에 얼마의 돈이 들었는지

이 재난이 얼마나 길어질지 알 수 없었다.

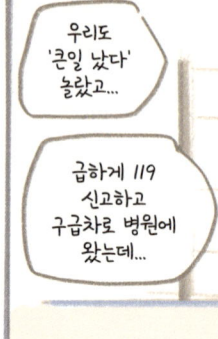

확대하니 배드민턴장에 모여서
뭔가를 펼치고 있는 게 보였다. 소방매트였다.

매트에 공기가 주입되었고 여러 사람이 달라붙어
부푼 매트가 날아가지 않도록 붙잡았다.

누가 누군지 알 수 없는 실루엣 중에
소장은 보현을 짚어주었다.

큰 사다리가 등장했고 누군가는
사다리에 올라가 매트를 한 발로
푹푹 눌러보고 내려왔다.

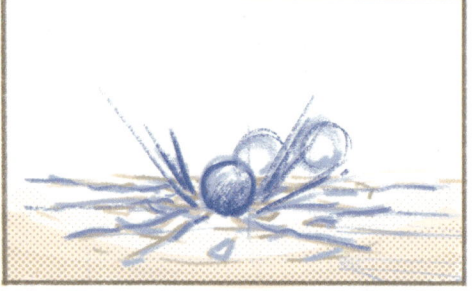
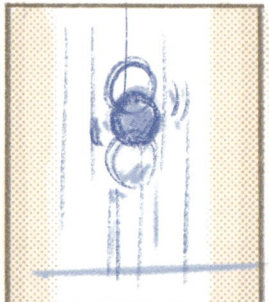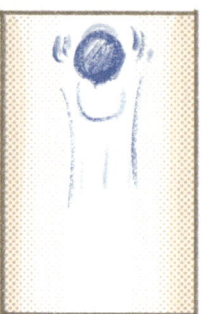
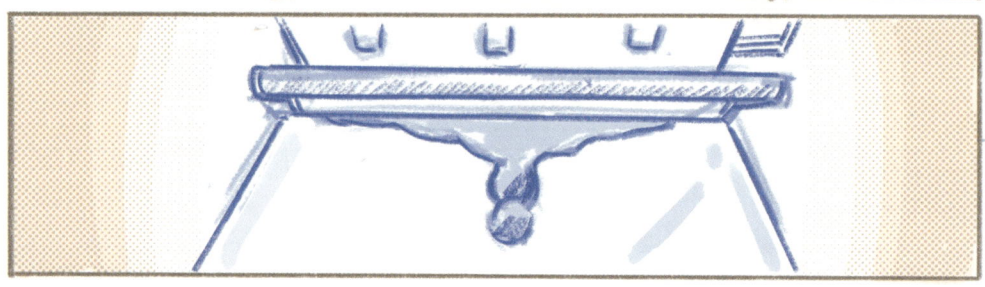

영상 속 사내를 무수히 되감아 그곳에 정지시키고 싶었다.
시간을 되돌릴 수 있다면 그에게 '뛰지 마' 하고 말해주고 싶었다.

4화
독감과 슬픈 연말

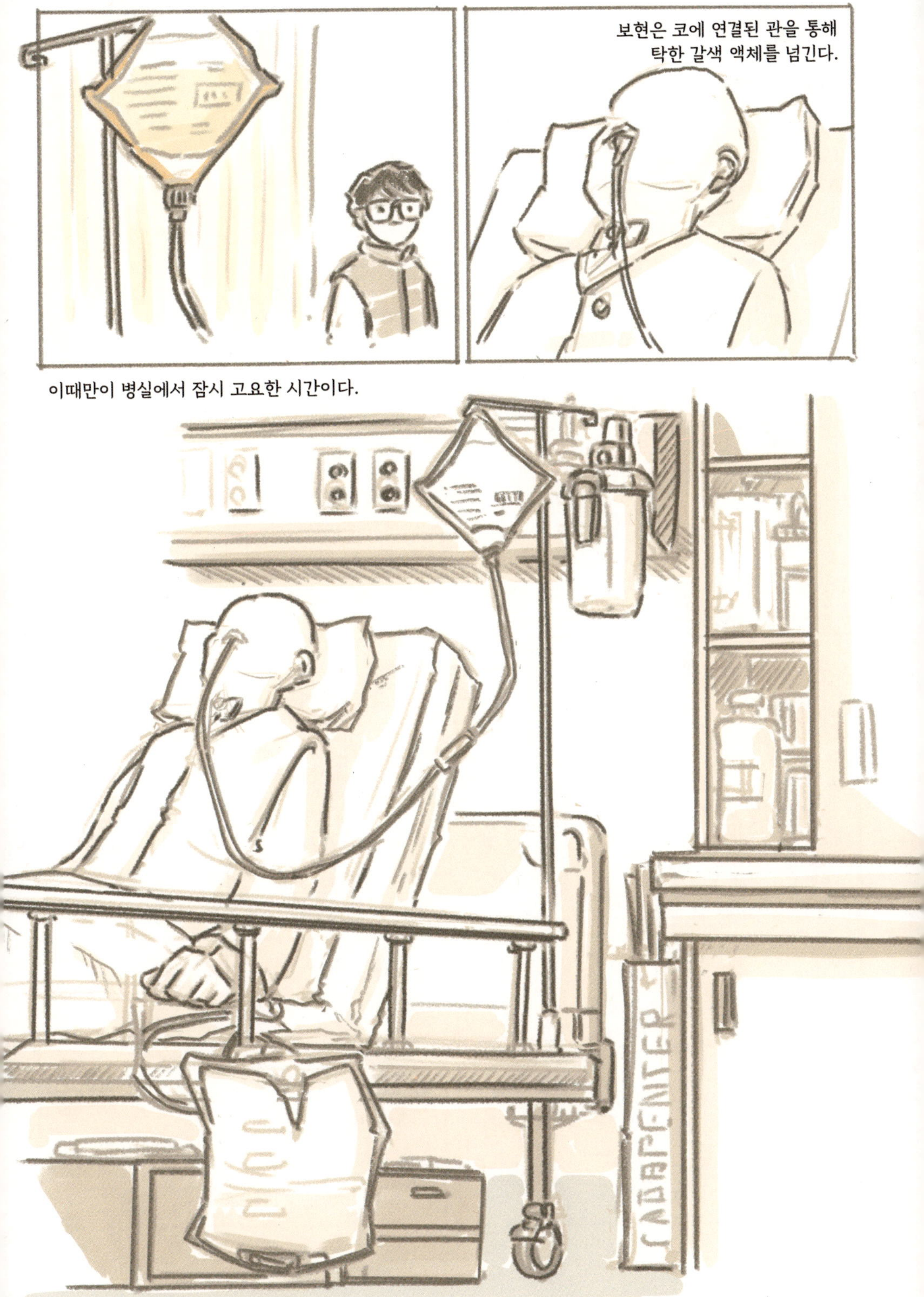

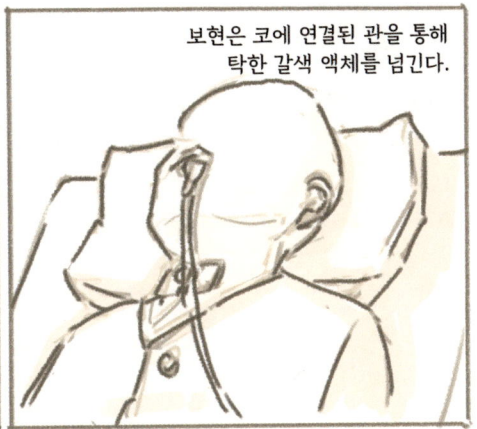

보현은 코에 연결된 관을 통해 탁한 갈색 액체를 넘긴다.

이때만이 병실에서 잠시 고요한 시간이다.

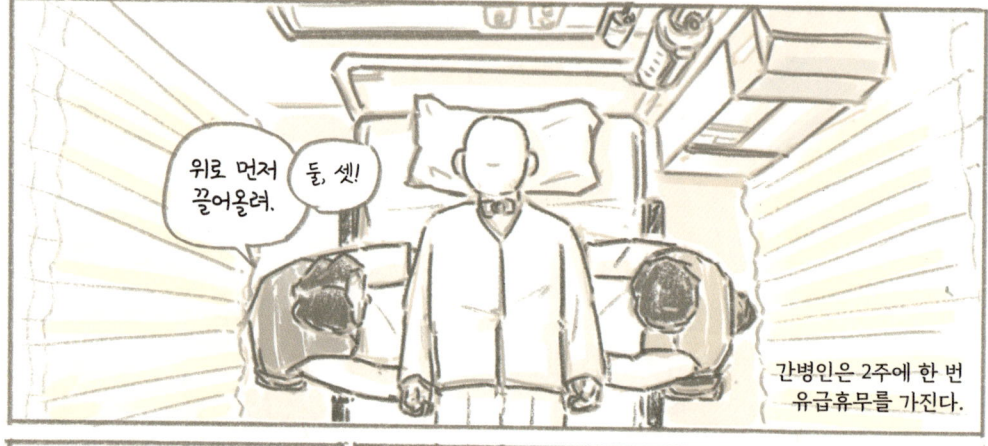

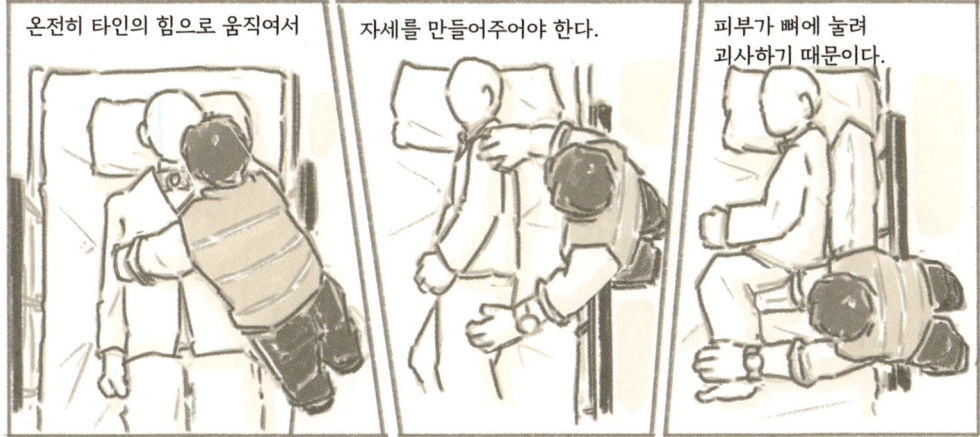

아무런 힘을 주지 못하는 보현의 몸은
바위처럼 꿈적도 하지 않았다.

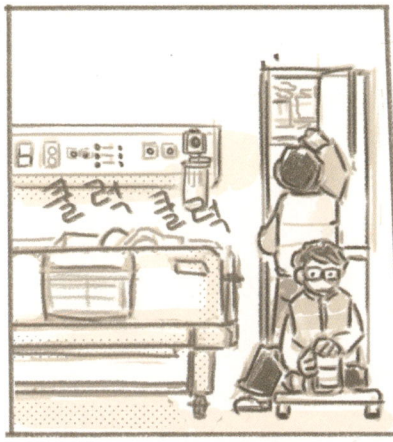

12월, 새삼스러운 크리스마스와 연말도 돌아왔다.

병원 건너편 쇼핑몰은 한 달 내 유난스러웠고, 달력에 표시된 날들은 세상과 다른 시간에 살고 있음을 실감하게 하였다.

평소에 신경도 쓰지 않던 날들이

새삼스레 슬픔을 더 또렷하게 만들었다.

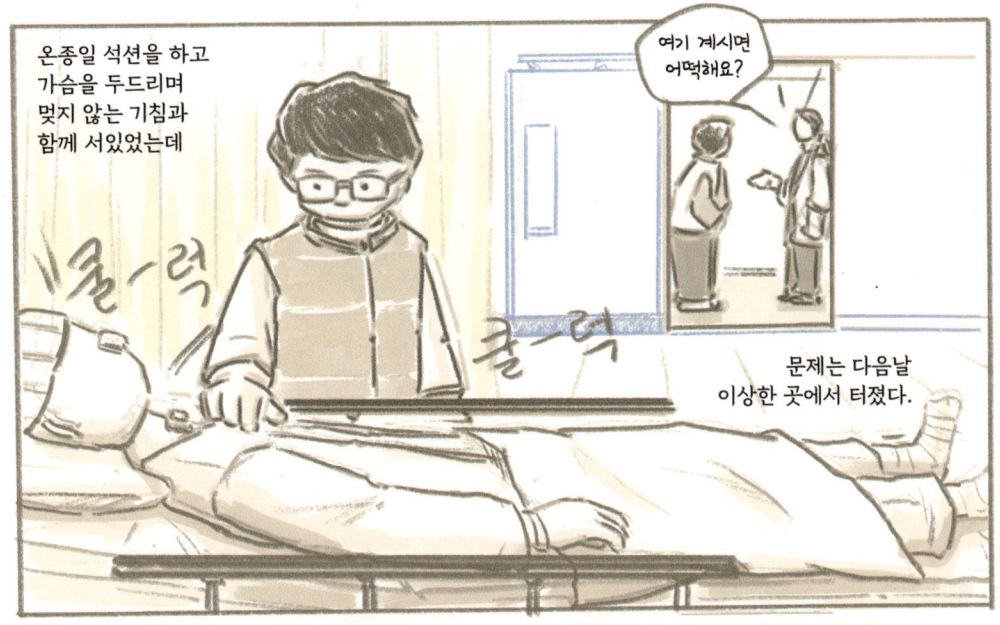

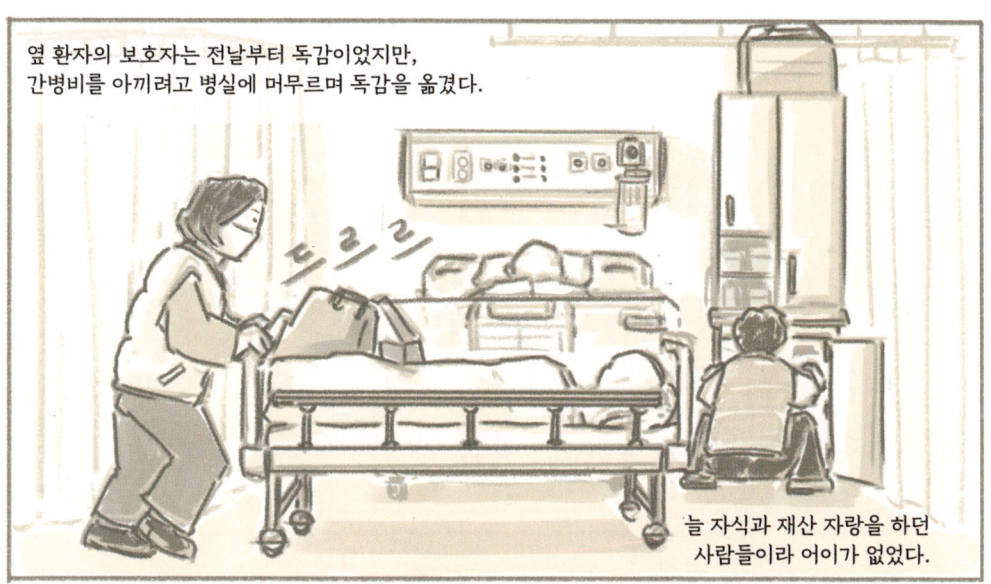

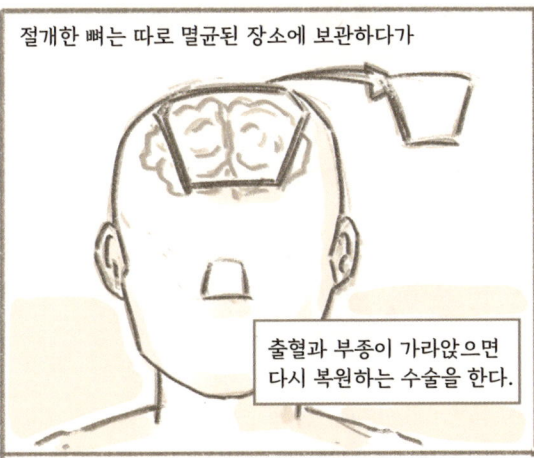
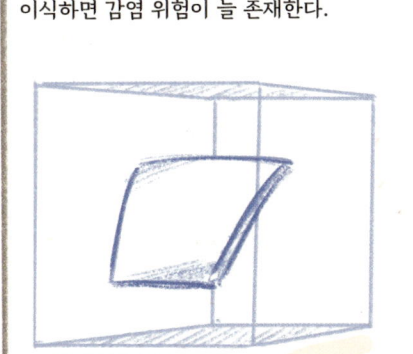
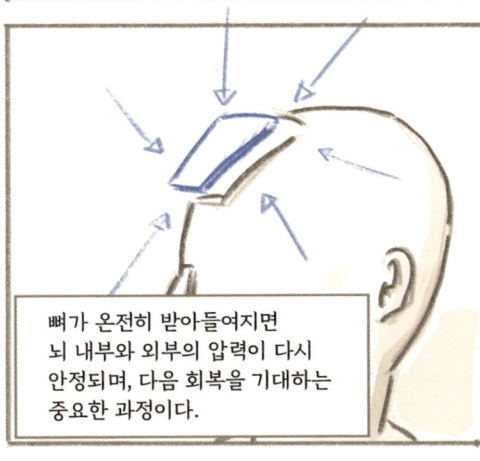

남의 환자를
아주 못쓰게
만들었네.
아이고,
여보!
무슨 기침을
이리 심하게….
콜록
콜록
좀 어떠세요?
약은 나왔는데,
투약 들어가도
5일은 꼬박
앓아야 해요.
지금 몸도
안 좋으셔서
완치되려면
더 걸릴 수도
있어요.
두 분은
독감예방접종
하셨다고요?
전에 했죠.
보호자 분은
꼭 병원
가보세요.
종일
접촉하셔서
감염되었을
거예요.

둘은 기진맥진해진 나와 교대하였다.

긴장이 풀리며 뒤늦게
고열과 피로가 들이닥쳤다.

한 해의 마지막 날이었다.

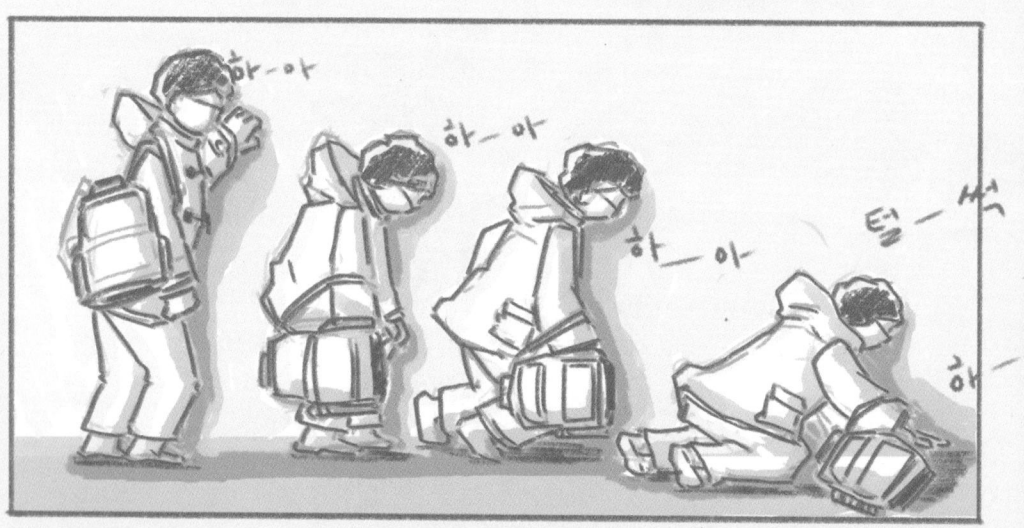

탁

이런 연말은 생각해보지 못했는데.

이제는 더 이상 예전 같은 연말이 아니라는 사실이
어둠을 타고 깊숙이 파고들었다.

가장 슬픈 겨울이다.

5화

후퇴하는 몸

보현도 일주일간 기침과 고열로,
여사님과 경숙도 그와 같이 힘든 간병의 한 주였다.

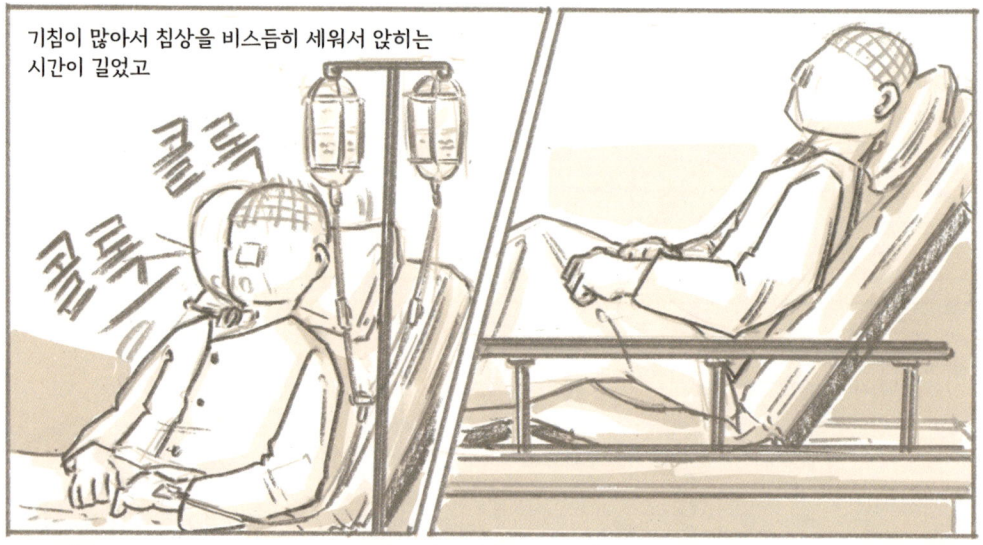

기침이 많아서 침상을 비스듬히 세워서 앉히는
시간이 길었고

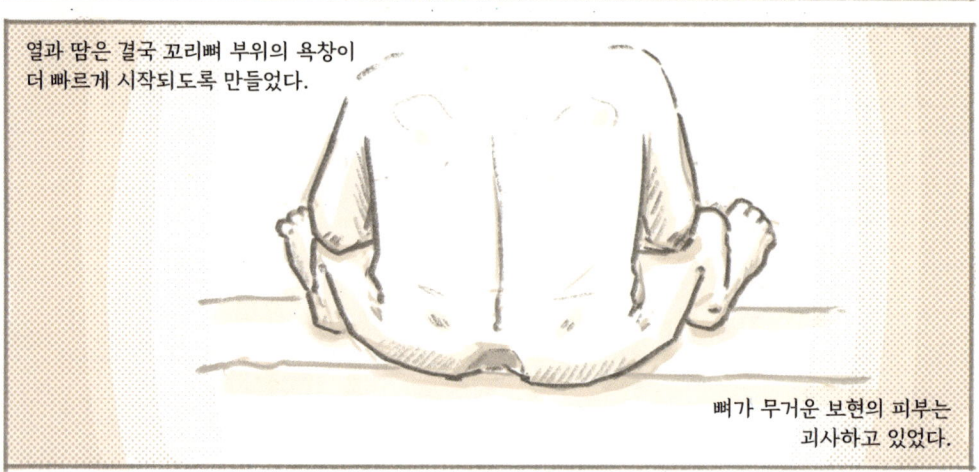

열과 땀은 결국 꼬리뼈 부위의 욕창이
더 빠르게 시작되도록 만들었다.

뼈가 무거운 보현의 피부는
괴사하고 있었다.

주변에서 아무리 몸을 방어해도 피부는 파여들어 갔고 부어올랐다.

고름이 차올랐고 몸에 열이 올랐으며 기어이 도려내야 했다.
말로만 듣던 욕창은 무서웠다.

우리 방에 갑시다.

독감은 일주일을 꼬박 앓고 나서 지나갔다.

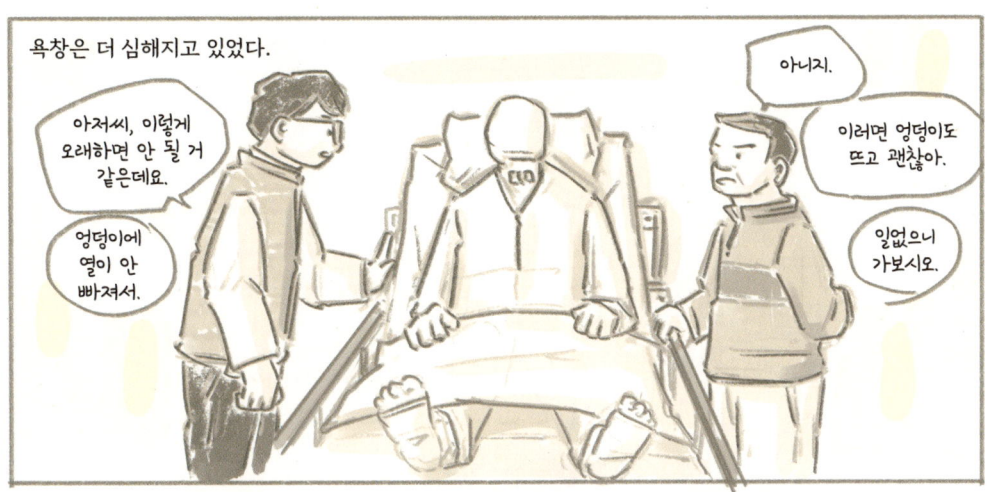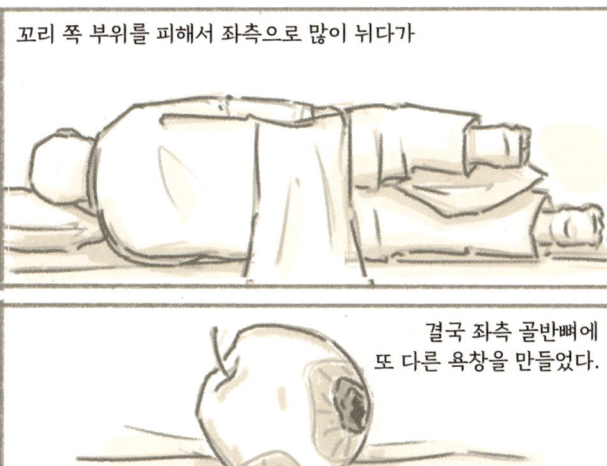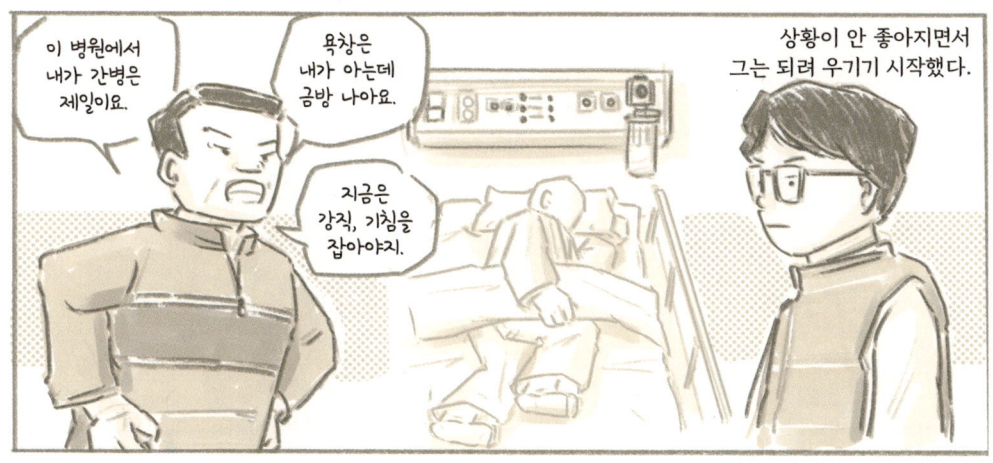

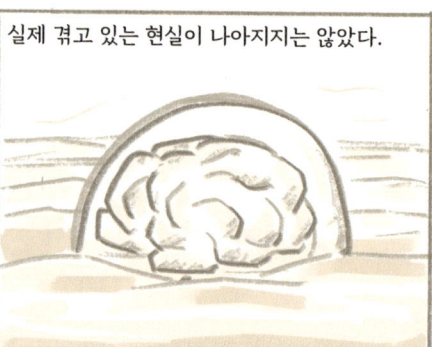

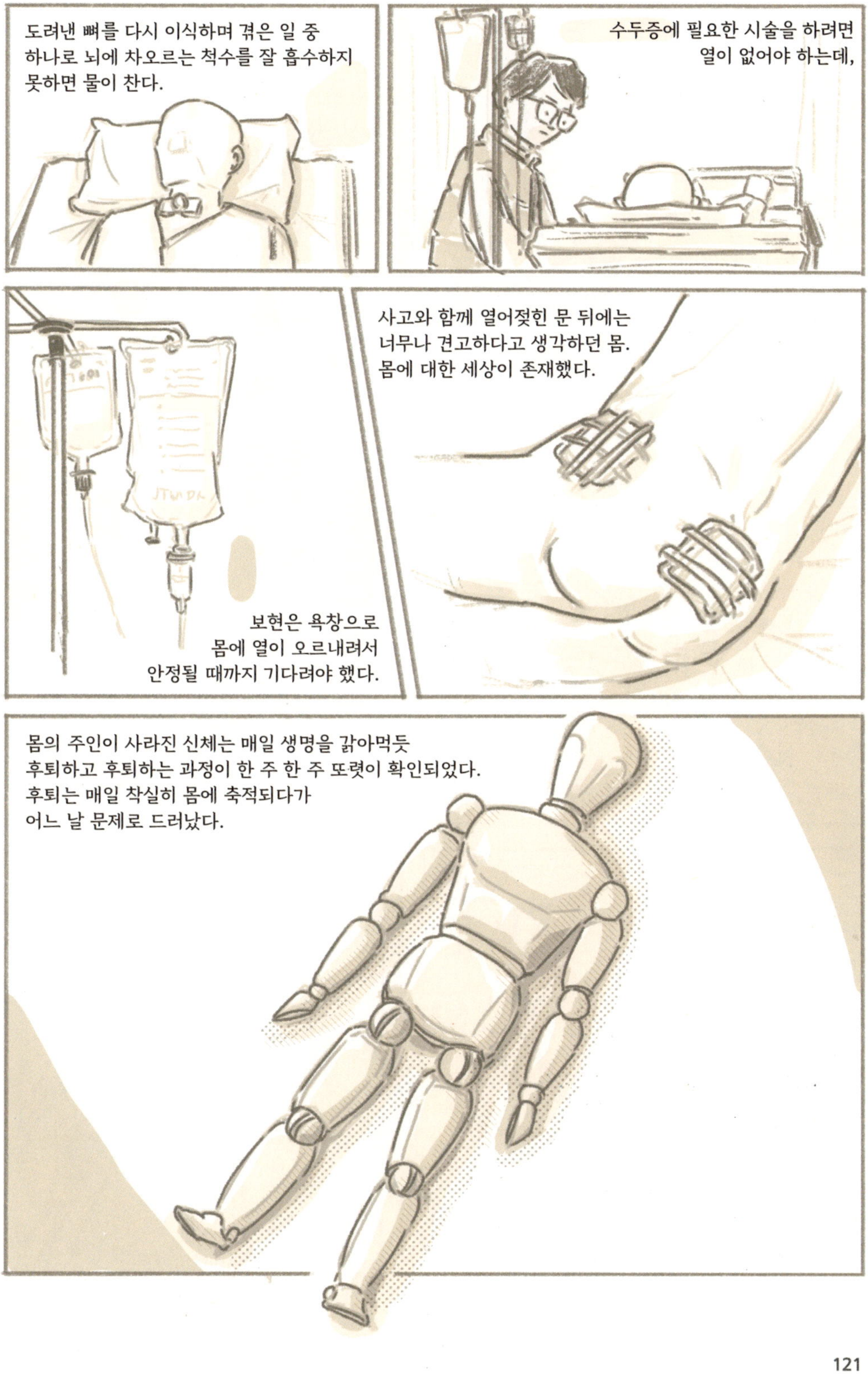

도려낸 뼈를 다시 이식하며 겪은 일 중 하나로 뇌에 차오르는 척수를 잘 흡수하지 못하면 물이 찬다.

수두증에 필요한 시술을 하려면 열이 없어야 하는데,

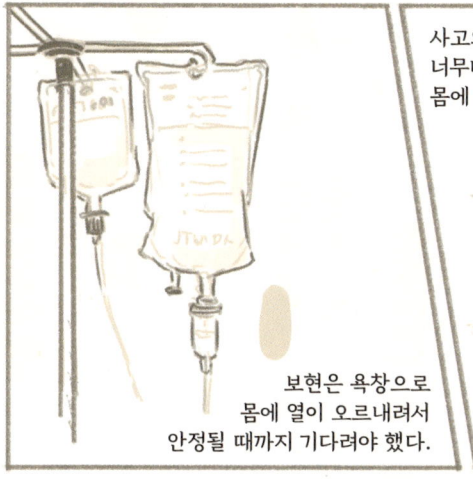

보현은 욕창으로 몸에 열이 오르내려서 안정될 때까지 기다려야 했다.

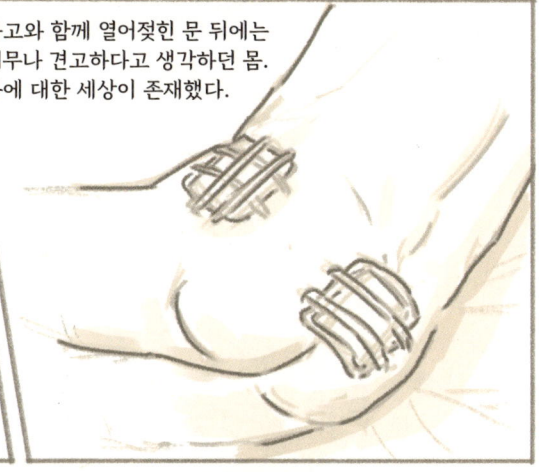

사고와 함께 열어젖힌 문 뒤에는 너무나 견고하다고 생각하던 몸. 몸에 대한 세상이 존재했다.

몸의 주인이 사라진 신체는 매일 생명을 갉아먹듯 후퇴하고 후퇴하는 과정이 한 주 한 주 또렷이 확인되었다. 후퇴는 매일 착실히 몸에 축적되다가 어느 날 문제로 드러났다.

병실에 오래 머물지 못하게 되면서 경숙은 오전마다 절에 다니기 시작했다.

그녀가 고통을 견디는 방법이었다.

하지만 기도가 후퇴를 막을 수 없었고

나는 초연해야 한다.

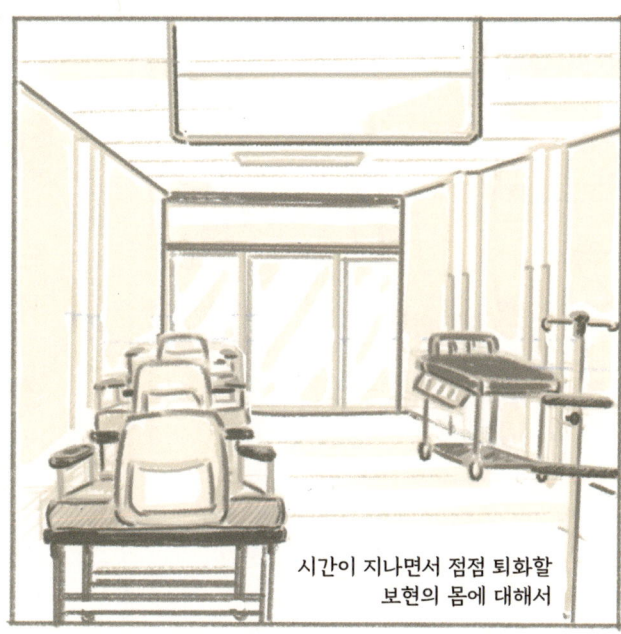

시간이 지나면서 점점 퇴화할
보현의 몸에 대해서

어떠한 소식에도 놀라지 않고

초연해야 한다.

병원의 혼란으로부터,
어지러운 말들로부터,

초연히 나를 지켜야 한다.

초연함으로 초조함을 밀어내야 한다.

퇴원 요구

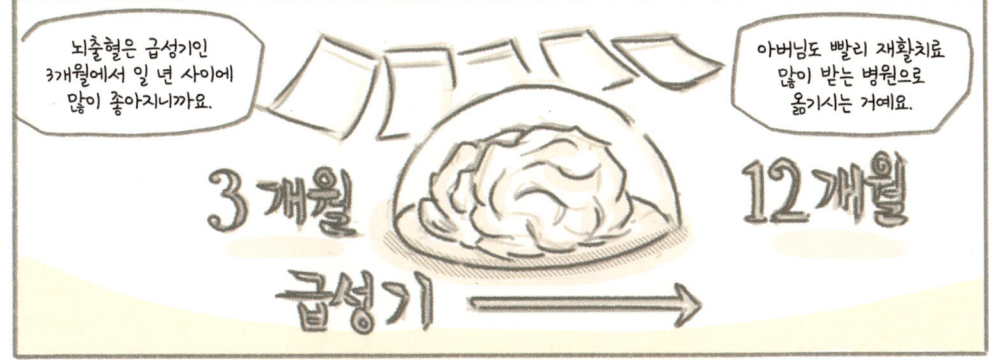

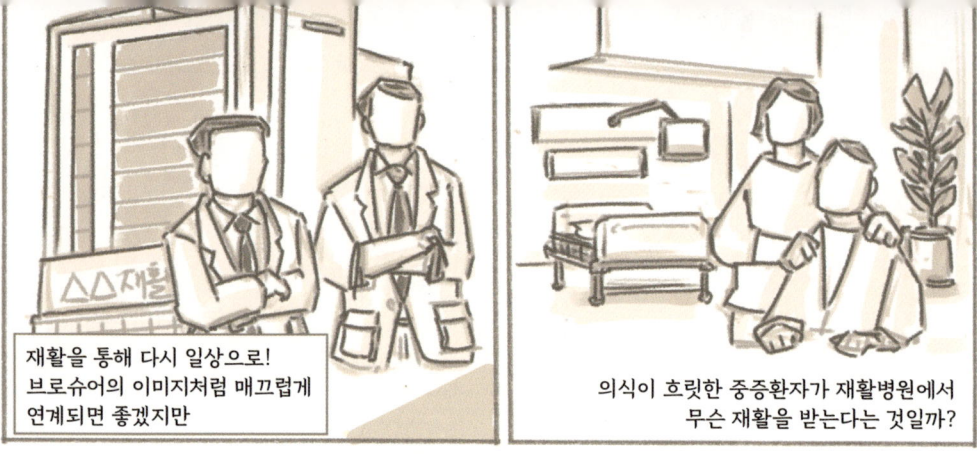

병실이 비었어도
퇴원 요구는 집요했다.

종합병원에서는 큰돈이 들어가는
수술이 없다고 판단되면

환자를 내보내는 데 주저함이 없었다.

어,
허보현 님
보호자 분.

병원
알아보고
계시죠?

결정하시는
대로
알려주세요.

이제
퇴원하셔야죠.

복지과 직원이 소개한 OO재활병원을 찾아갔다.
브로슈어처럼 크고 세련된 병원이
도시 외곽의 산을 끼고 나타났다.

한 편에 계속
새 병동을
짓느라
어수선했다.

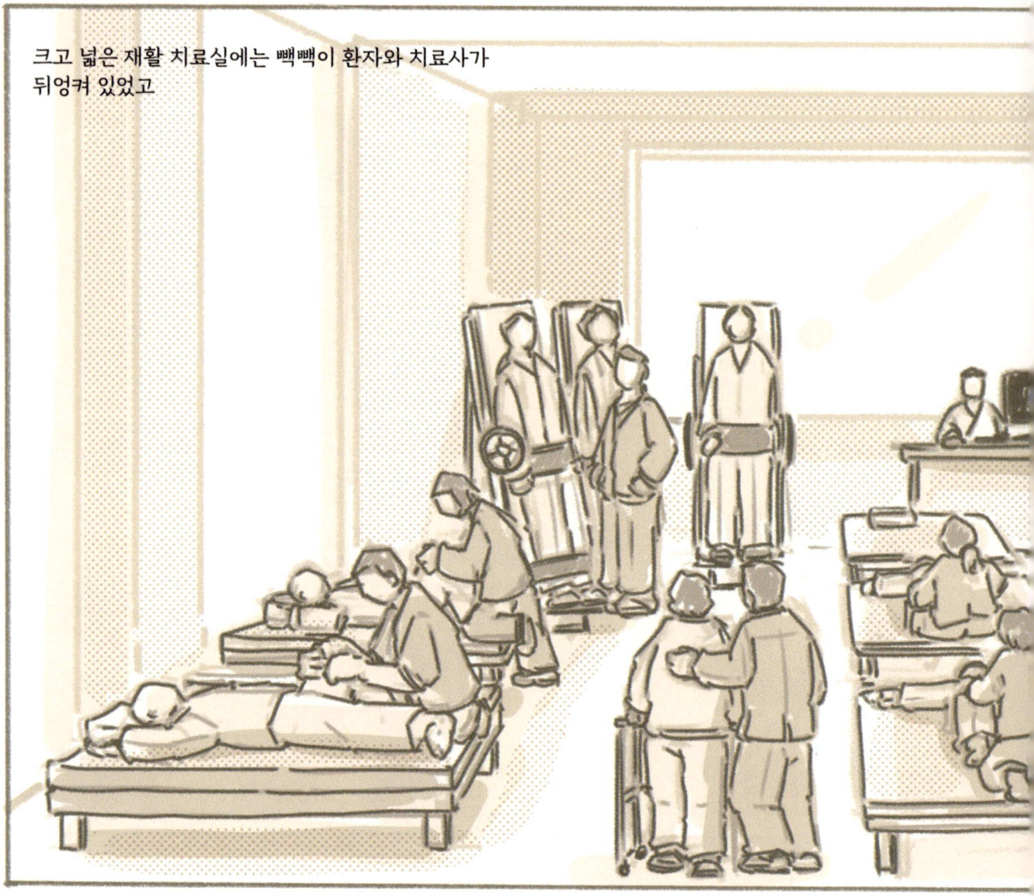

크고 넓은 재활 치료실에는 빽빽이 환자와 치료사가
뒤엉켜 있었고

많은 노인들 사이로 치료사가 한 명씩 붙었고

과장은 열심히 치료실과
병실을 소개해주었다.

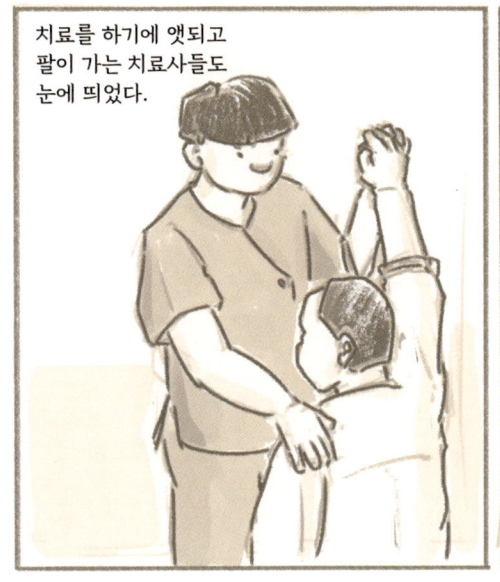

치료를 하기에 앳되고
팔이 가는 치료사들도
눈에 띄었다.

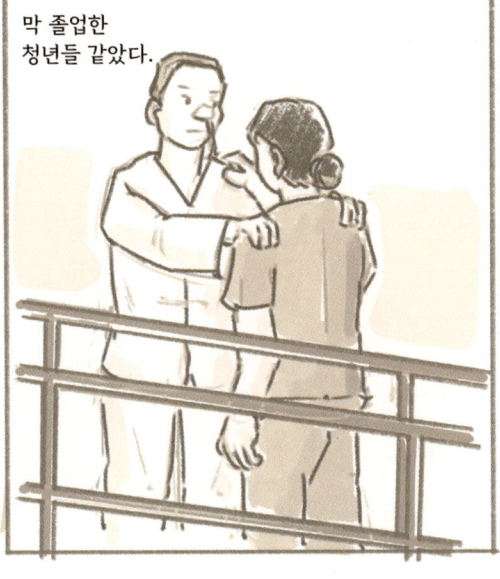

막 졸업한
청년들 같았다.

큰 재활, 요양병원은 공통점이 있었다. 건물 로비와
휴게 공간들이 호텔처럼 화려했고 컸다.

그곳에 가족을 두고 온다는

마음의 그늘을 지워주기
위해서인지 유난히 밝았다.

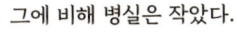
그에 비해 병실은 작았다.

작은 침대들로 복잡한 방에서

2명의 간병인이 4~6명의 환자를 맡는 구조.

환자 1인에게 할당된 공간은 로비의 화려함과 대비되었고

한 병실에 몇 명의 환자와 간병사가 배치되는지로 가격이 결정되었다.

보현이 얼마나 돌봄을 받을 수 있을지 신뢰하기 어려운 구조였다.

그저 덜 위험한 곳을 쇼핑하듯 찾아가야 했다.

요양병원들도 영업을 위해 '재활'이란 말을 간판에 붙이니

걸러야 할 선택지는

더 많고 아득했다.

노트북이나 신발을 사는 것과 다르지 않은 소비자로서의 선택.

그들이 홍보하는 번듯한 말 뒷면에 있을 불안과 위험은 또 다른 정보를 필요로 한다.

Re ㄴ: 공동간병은 텃세가 심해요. 새로운...

Re ㄴ: 산재시면 개인간병 되는곳으로 가셔 새 병원들은 안되지만 받는곳들도 있

비슷한 처지의 사람들이 쏟아낸 하소연과 댓글들.

병원이 시키는 대로 머리뼈도 덮지 않은 채 옮겼다가 상태가 심각해져서 큰 병원 응급실로 재입원하는 케이스도 있었다.

실 사용자의 리뷰와 소문들을 한껏 흡수하고 나면

선택과 책임은 오롯이 당사자에게 주어질 뿐이다.

재활기가 그토록 중요하다면 이 환자에게 적합한 병원으로 옮겨져야 마땅한데 병원과 병원은 각기 다른 섬처럼 끊어져 있다.

어디로 갈 것인지, 그 섬에 정박해서 펼쳐질 위험은 오롯이 내 몫이다.

접수를 위해 로비에 들어서면 번호표와
반복되는 차임벨 소리로 소란스럽다.

처음 온 사람은 정신을 뺏길 만큼 복잡하다.

환자 없이 보호자만 가는 경우는 진료 기록과
CT/MRI 등의 영상 자료를 가져가야 하는데,

종합병원마다
수속 과정도 다르고

요즘은 대부분 키오스크 기계가 대신하니

인내심을 갖고 자료를
업로드해야 한다.

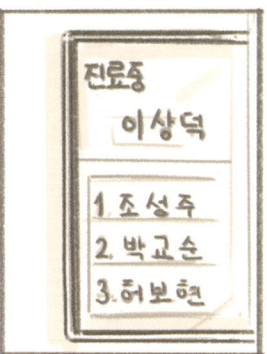

대기자에 보현의 이름이 뜨면

무슨 말을 할지 속으로 되된다.

부디 보현을 잘 받아 달라고, 목격자이자 대변인으로 필요한 말만

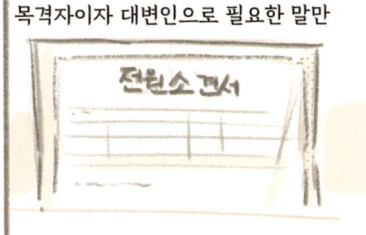

의사를 만나는 일은 보현의 치료 여부를 당락 짓는 것이기에 면접처럼 긴장되었다.

- 경막하출혈 (타박 뇌내출혈)
- 사지마비
- 만성 심방세동 (부정맥)
- L-TUBE / T-TUBE 유지중

그들이 잘 이해할 의학 용어와 함께 정돈해서 말하고 싶다.

그 사이 간병인이 감기를 이유로 잠수를 탔다.
하루 쉬겠다던 그는 며칠 동안 나타나지 않았다.

마땅한 수가 없어서 내가 간병을 하였다.

밤에는 퇴근한 준영(형)이 와서 체위변경을 도왔다.

기영아, 시간 됐다.

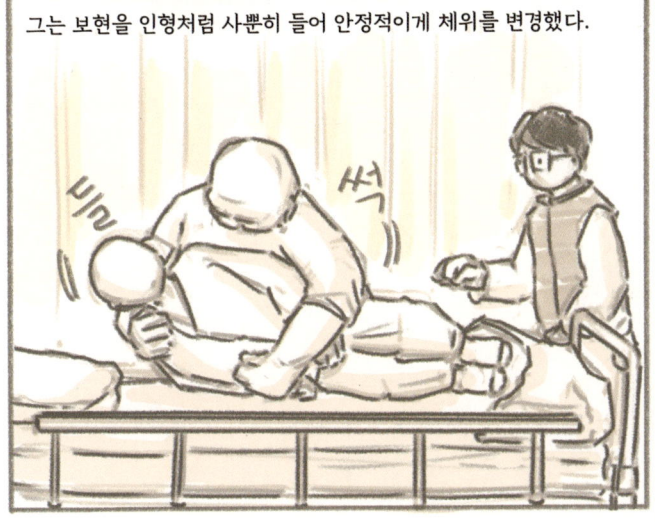

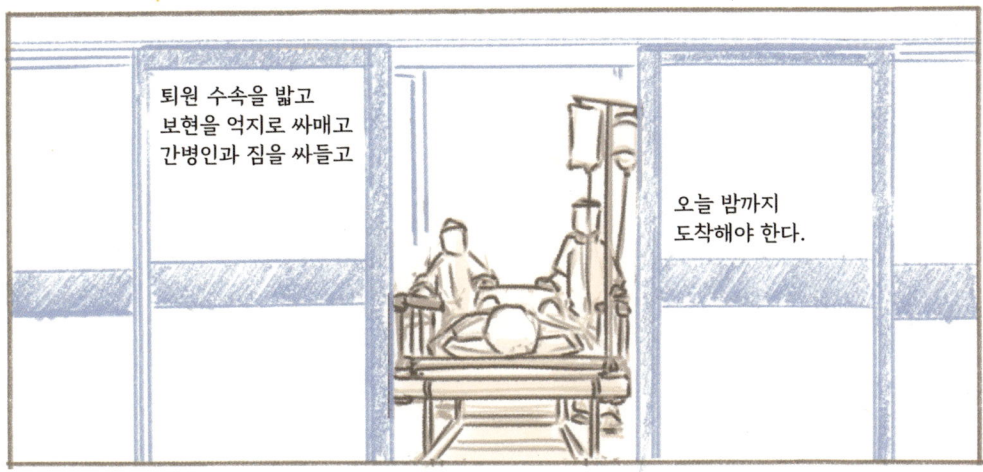

아무리 서둘러도 무리스러웠지만 무리해서 가면
무엇이 달라지는 것인지 나는 알 수 없었다.

명절

다부지게들 절해.

보현의 쾌유를 빌기라도 하듯 차례상을 두고 모인 모두가 꾸벅 절을 했다.

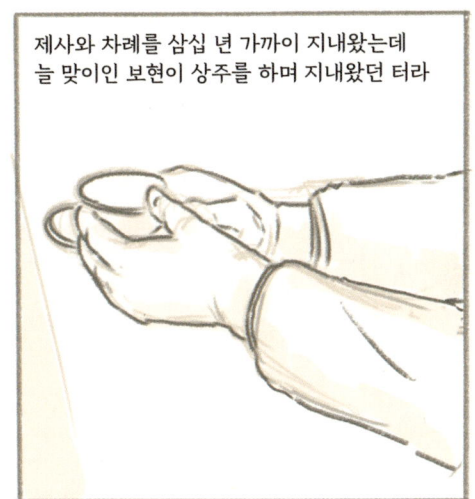

제사와 차례를 삼십 년 가까이 지내왔는데
늘 맏이인 보현이 상주를 하며 지내왔던 터라

뒤에 서있던 사람들은
처음부터 끝까지 순서를 제대로 몰랐다

막상 맨 앞에 선 이들의
당황스러움이 고스란히 드러났다.

기껏 차려낸 차례상이 엉거주춤하며 끝을 향하자

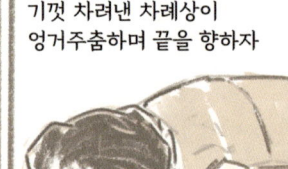

경숙만 몸이 달았다.

할머니가 작년에 돌아가셨고

맏이인 보현이 사고로 병원에 입원한 이후 첫 명절이다.

어이쿠!

미끄러우니 여기 조심!

늘 소란하던 설날이
한 해 사이에 고요해졌다.

작년까지 떡국을 먹고 나면 할머니를 모시고 세배를 했다.

처음엔 아들이, 그다음엔 며느리들이, 그다음엔 손자손녀들이

세뱃돈 받을 생각에 들떴던 날.

성묘를 다녀오면 보현의 동네 친구나 내가 잘 모르는 친척들이 방문하였다.

할 일이 없는 우리는 주로 티브이를 보며 지루함을 달랬고, 주방의 며느리들만 늘 분주했다.

느지막이 고모들이 오고, 또 음식을 내오고, 오후부터 한 집씩 떠나기 시작하면 명절이 저물었다.

맏며느리인 경숙에게 명절은 큰 행사였다.

명절 일주일 전부터 한숨을 쉬었고, 끝나면 이틀을 앓았다.

정작 자신의 집에 가본 적은 별로 없었다.

세뱃돈보다 그런 수고가 눈에 들어오는 나이가 되면서
경숙을 힘들게 하는 명절이 없어져버렸으면 좋겠다고 생각했다.

예전 같은 명절은 이제 사라졌다.
이런 이유로 사라지길 바라지는 않았지만.

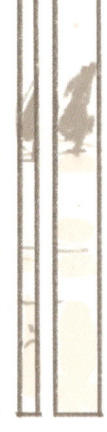

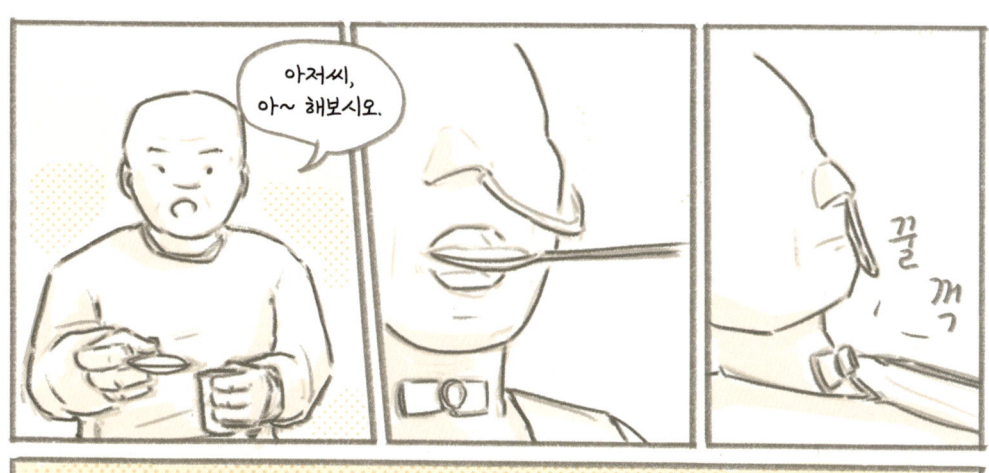

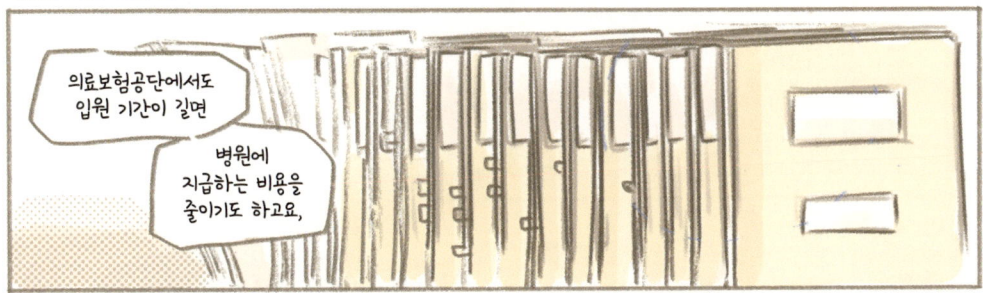

8화
재활의학과

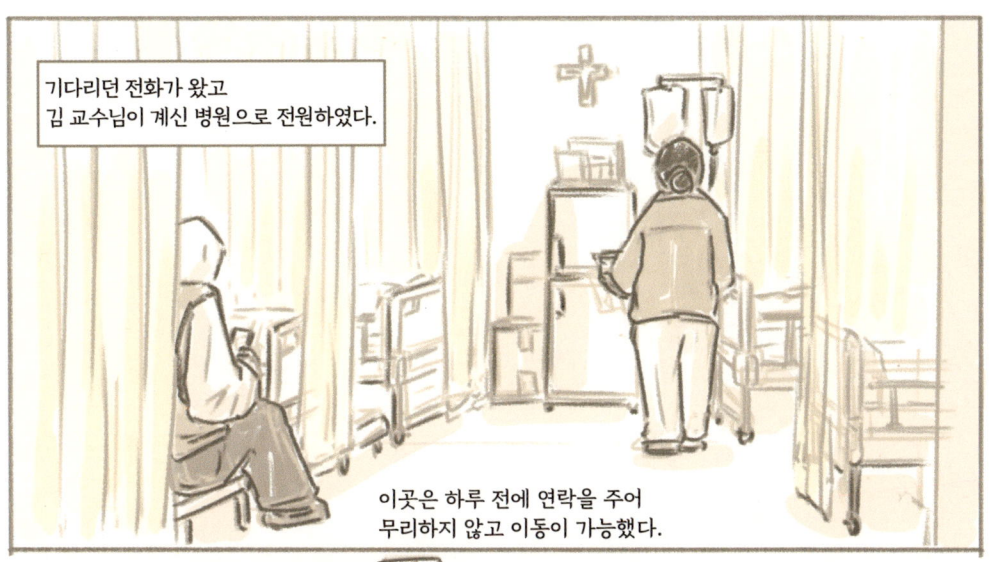

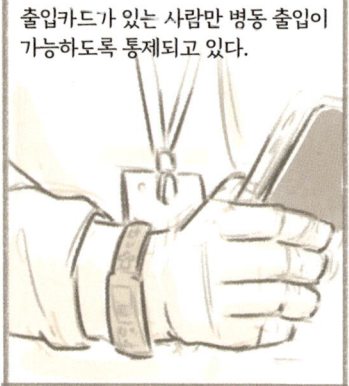

출입카드가 있는 사람만 병동 출입이 가능하도록 통제되고 있다.

이 병원은 보호자 1인만 병실에 머물 수 있고

아.

밥차 올 때가 되었는데.

광진 씨가 계속 동행해준 덕분에 새 병원에 잘 적응하리라 믿고 맡길 수 있었다.

오, 저기 오네.

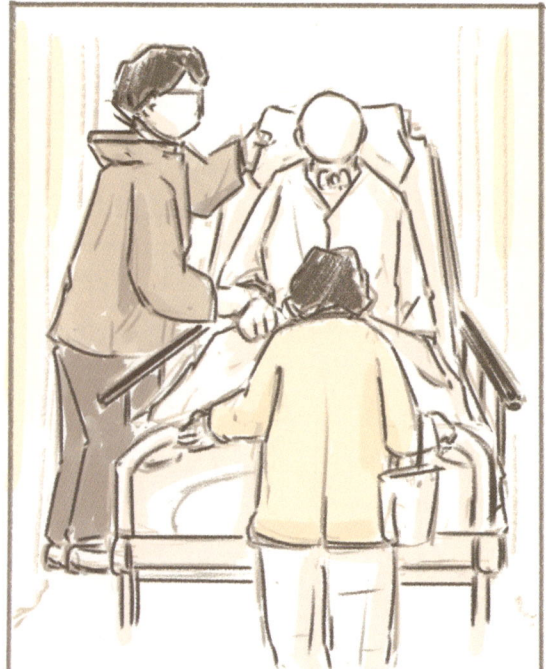

아, 내 얼마나 기쁜지 모르오.

그저 죽을 한 사발 다 먹는 거 아니오!

그지. 배고팠겠지, 저 덩치에 당연히.

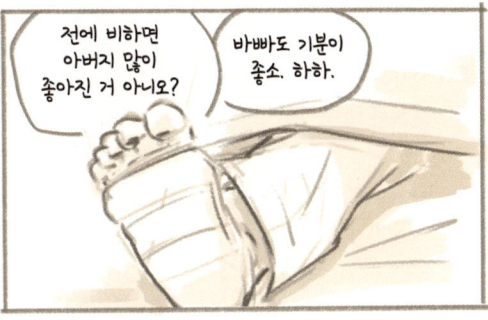

재활 스케줄도 하루에 6개나 되니까

죽이야 뭐 금방금방 꺼지지.

전에 비하면 아버지 많이 좋아진 거 아니오?

바빠도 기분이 좋소. 하하.

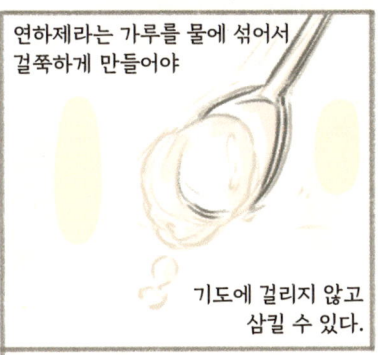

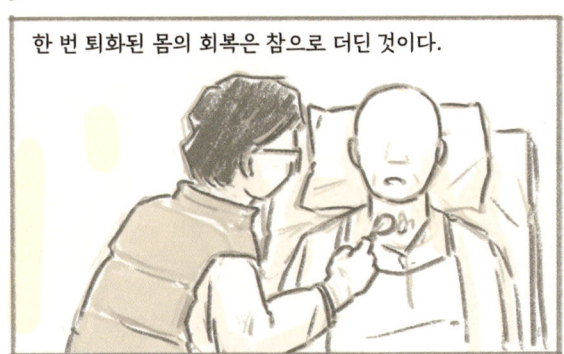

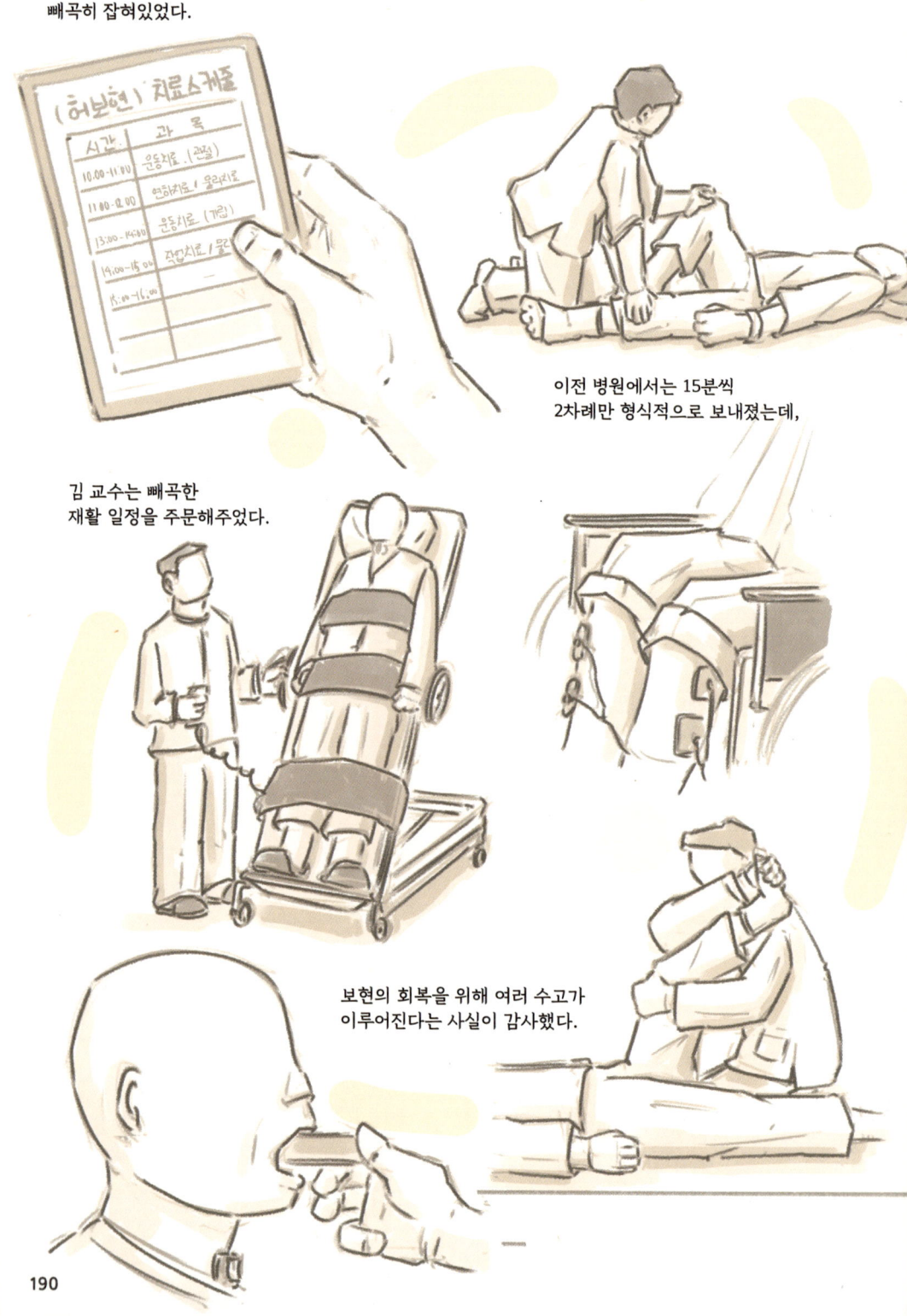

보현의 식사는 코로 넘기던 유동식이 캔으로 바뀌었고

죽과 함께 섞어서 떠먹이기 시작했다.

입으로 삼키는 일련의 움직임은 '연하기능'이라 부르며

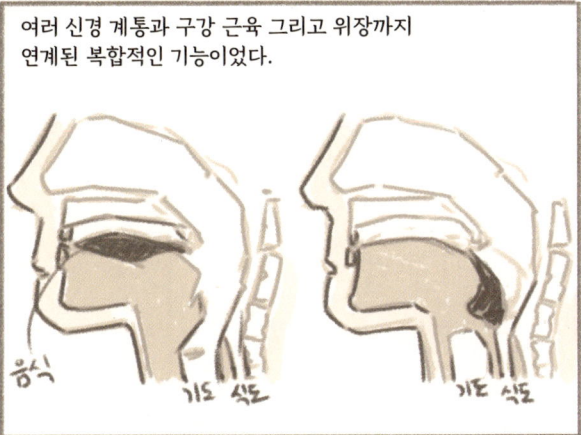
여러 신경 계통과 구강 근육 그리고 위장까지 연계된 복합적인 기능이었다.

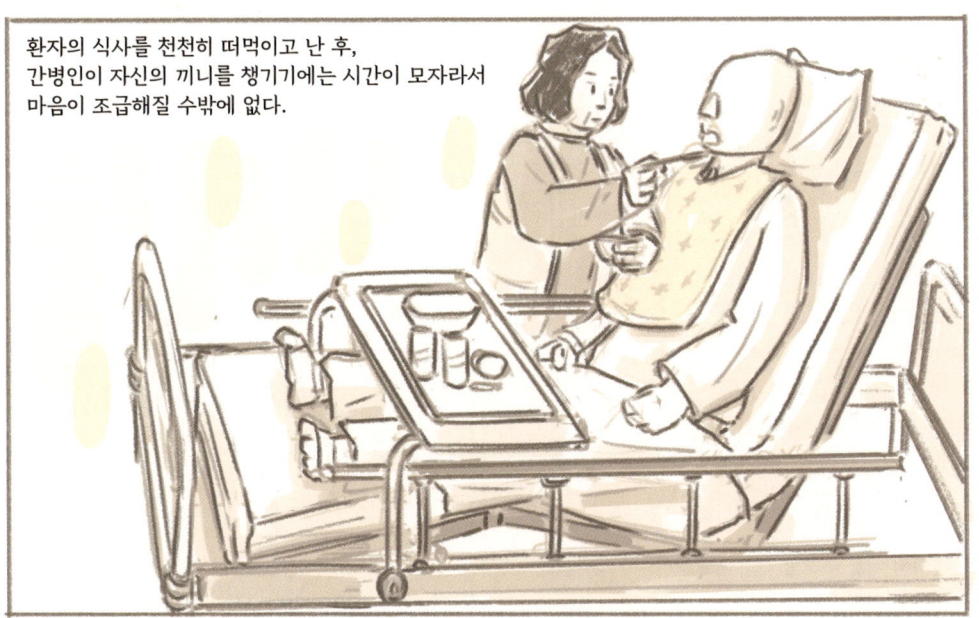
환자의 식사를 천천히 떠먹이고 난 후, 간병인이 자신의 끼니를 챙기기에는 시간이 모자라서 마음이 조급해질 수밖에 없다.

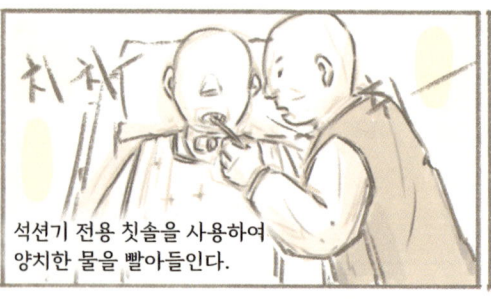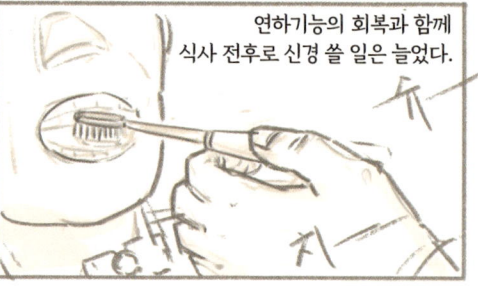

먹는 것보다
중요한 것은 인지인데

의식은 돌아왔지만 인지는 알 수 없었다.

아직 한 번도 구체적인 의사 표현은 확인되지 않아서

보현이 이 상황을 알아보고 있는지 알 수 없었다.

의식은 눈을 뜨고 있는
시간을 통해 확인한다면,
인지는 의사소통이 되어야 알 수 있다.

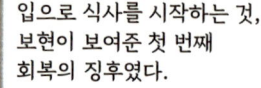

입으로 식사를 시작하는 것, 보현이 보여준 첫 번째 회복의 징후였다.

작지만 회복을 보인 만큼

친척들은 이 소식에 무척 기뻐하였다.

기영아, 네가 고생이 많다.

아, 아니에요.

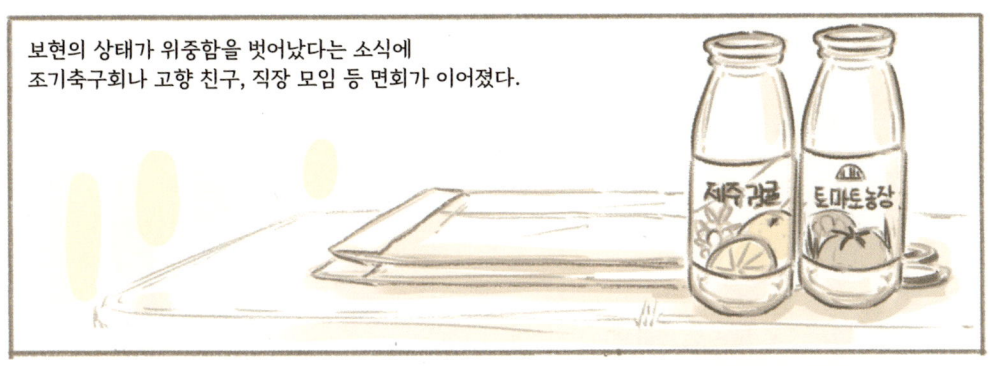

병재 씨는 공장을 그만두고
성당에서 일을 한다고 하였다.

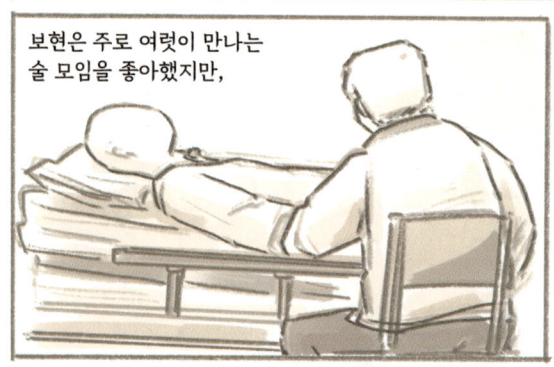

보현은 주로 여럿이 만나는
술 모임을 좋아했지만,

병재 씨와는 둘이서만
조용히 만나 밥을 먹었다고.

홀로 찾아온 그는
다른 사내들과 다르게 말 없는
보현을 지긋이 대해주었다.

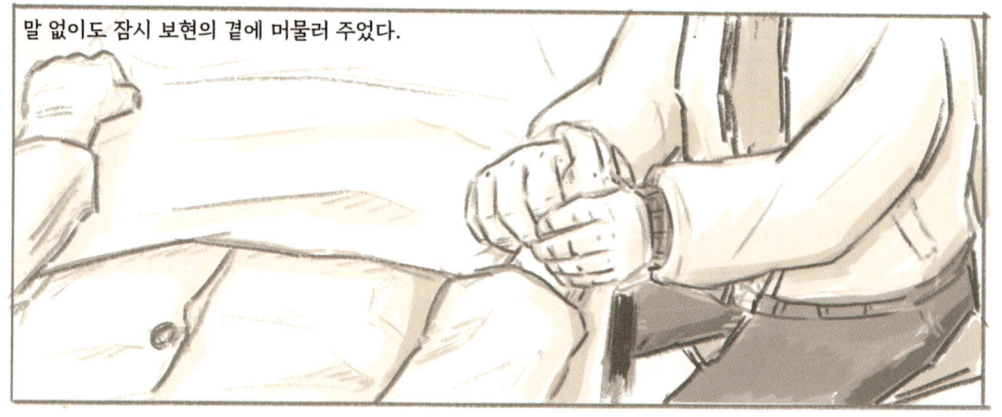

말 없이도 잠시 보현의 곁에 머물러 주었다.

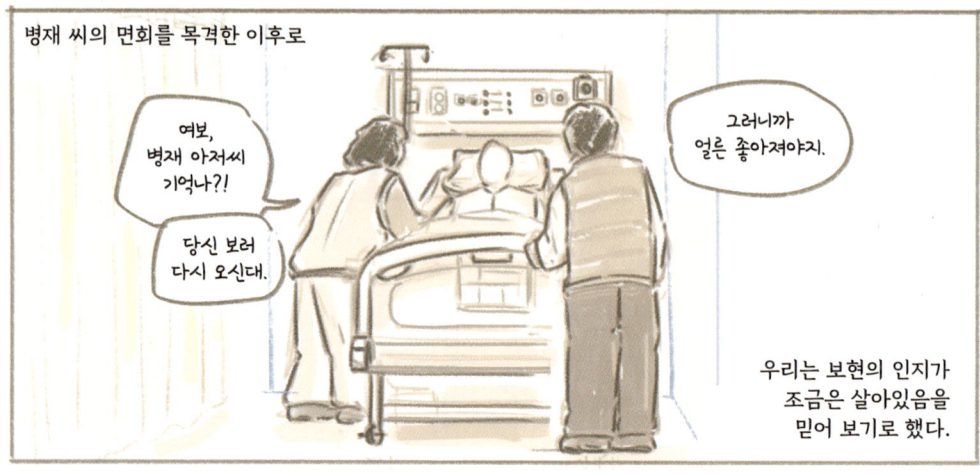

9화 기도하는 손

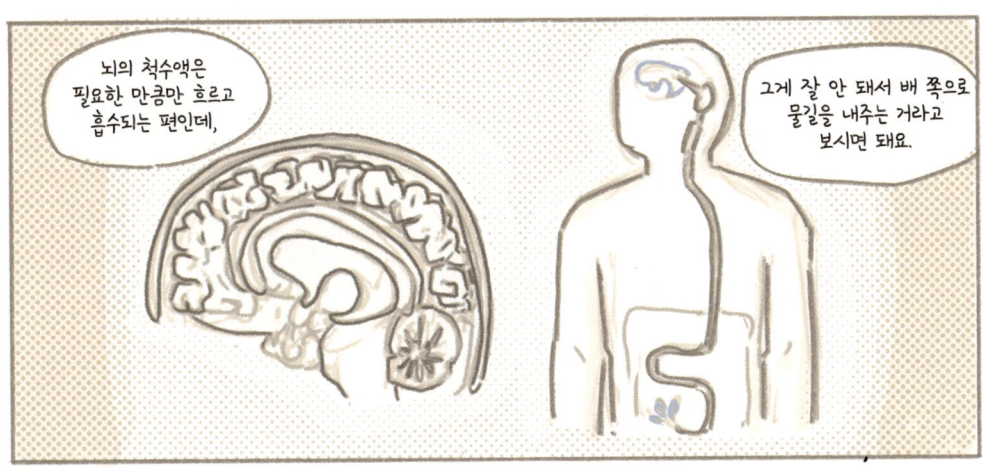

사고 이후 모든 것이 혼란스러운 와중에
나에게 추가되는 혼란은

처음 마주하는 장면들이
한꺼번에 쏟아지는 것이다.
그림을 그리며 발달한 시각은

새로운 장면들에 반응하고
있었다.

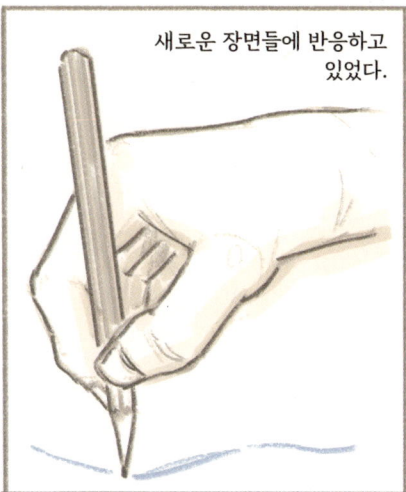
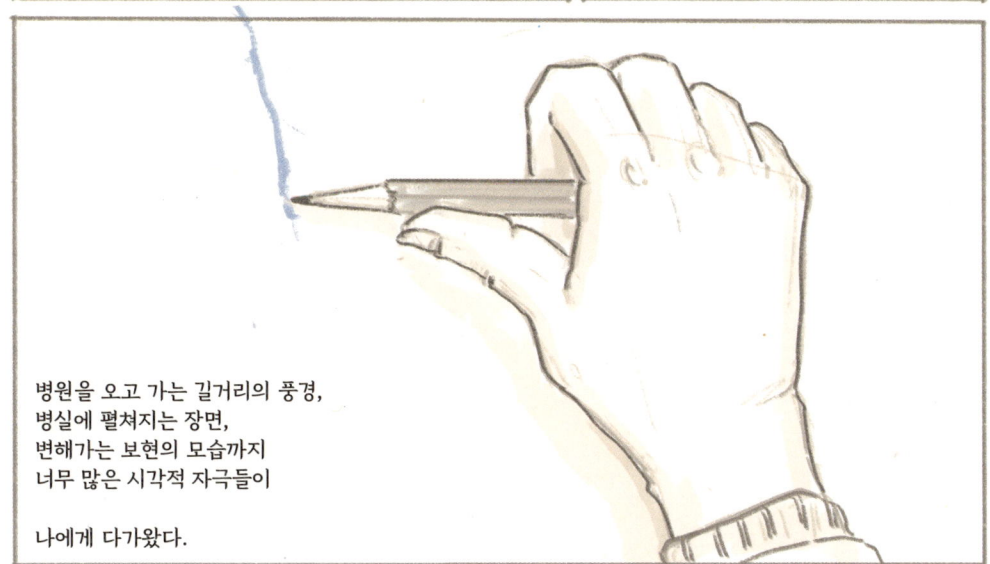

병원을 오고 가는 길거리의 풍경,
병실에 펼쳐지는 장면,
변해가는 보현의 모습까지
너무 많은 시각적 자극들이

나에게 다가왔다.

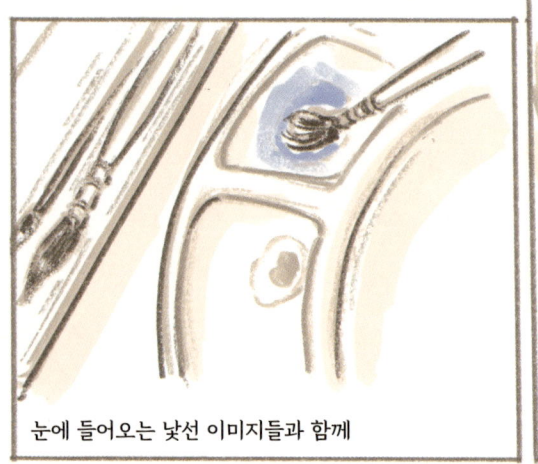
눈에 들어오는 낯선 이미지들과 함께

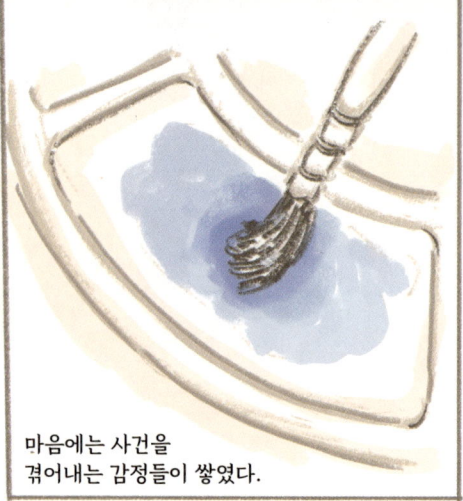
마음에는 사건을
겪어내는 감정들이 쌓였다.

여러 잔상들이 슬픔과
뒤엉켜서 몸 안에 굴러다녔다.

뭔가 그려내지 않고서는

해소되지 않는 잔여물들이 찰랑거렸다.

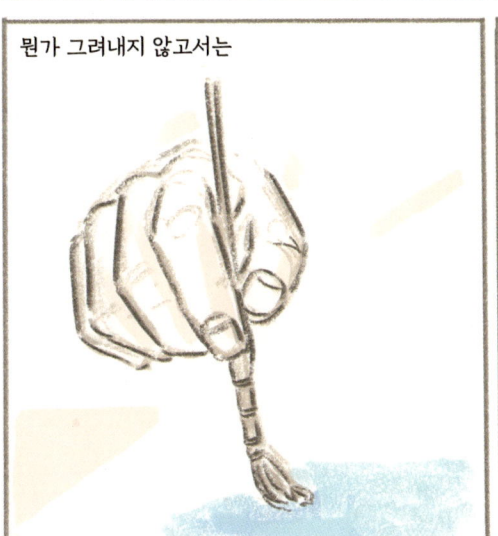
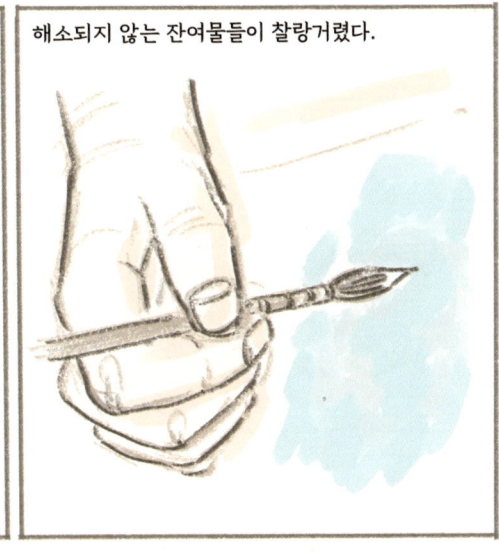

마음에 맺히는 그림,
이런 것을 심상이라고
해야 할지.

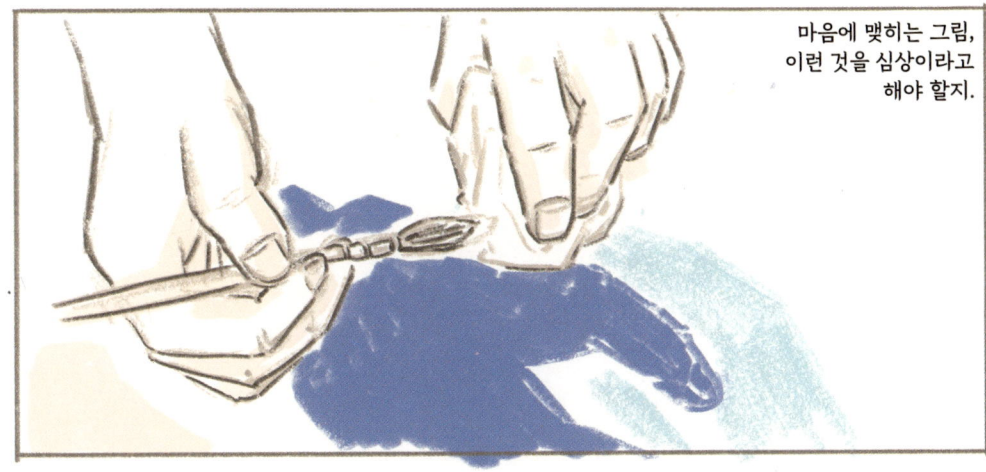

그림을 그리는 근황은 보현과 경숙에게
꺼내지 못했었다.

더 이상 일하지 않는 시간에 그림을 그려가는 이야기를 설명하기에 내 기반이 연약했다.

가족은 나의 연약함으로부터 멀리 두었다.

그들이 느끼는 우려가 나의 연약함을
흔들까 두려워서였다.

떠오르는 것은 기도하는 손.
포개진 손.

기도하듯 그림을 그린다.

예전에 봤던 로댕의 손.

우린 수술실 앞에서 말없이 두 손만 모으고 있겠지만.

내일 하루 무사히 건너길 바랐다.

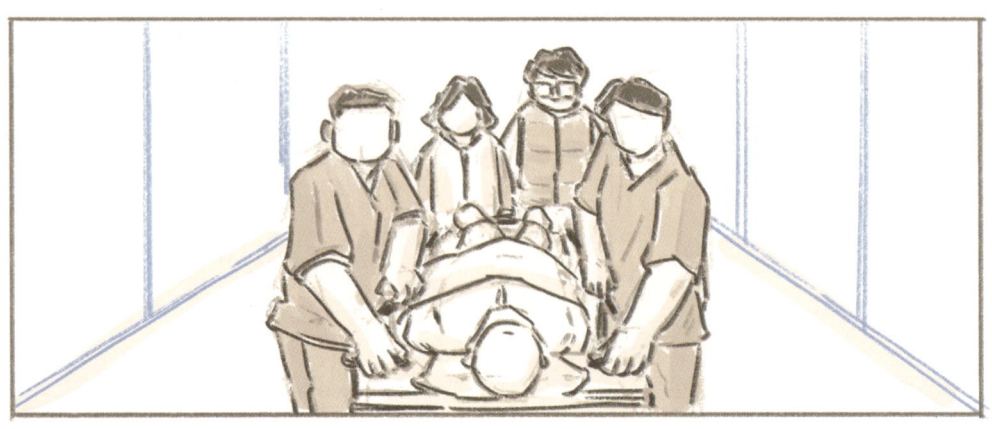

문과 문과 문을 건너서
사라지는 보현의 모습은
몇 번을 봐도
익숙해지지 않는다.

문 속으로
사라지는
보현의 발끝이
멀어지다
이내 사라지면

두 손을 모으게 된다.

수술실 복도와 보호자 대기실 풍경은 어느 곳이건 동일하다.

대형 티브이에 이곳과 상관없는 뉴스가 음소거되어 흐르며
다른 화면에는 환자 이름과 '수술 시작', '수술 중',
'회복 중' 세 가지 정보만이 게시된다.

저 문을 무사히, 혹은 더 나은 상황으로 이어지길 바라는

각자의 바람만이
손끝에 맺힌다.

남겨진 여운이 버거워 다들 티브이를 보거나 복도를 서성이나 보다.

허O현 남 53병 회복중

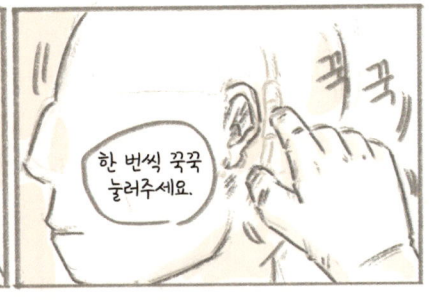

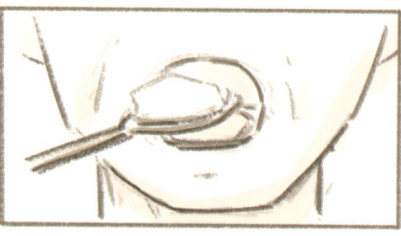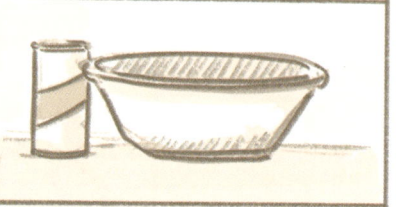

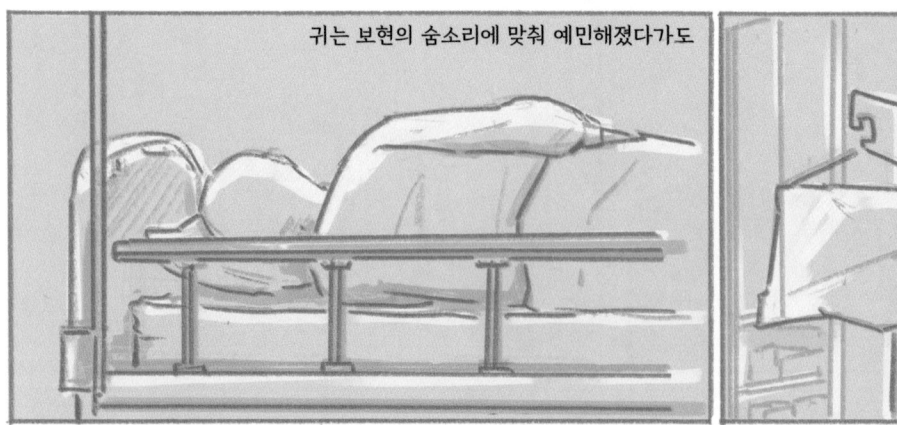

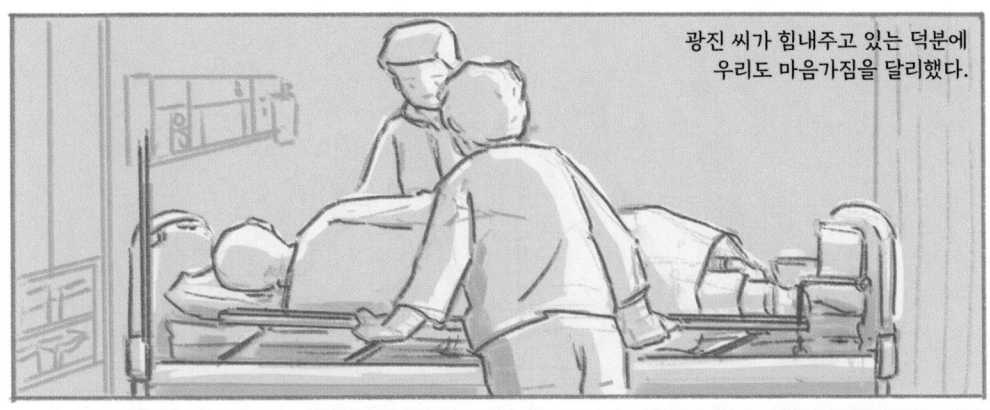

광진 씨가 힘내주고 있는 덕분에
우리도 마음가짐을 달리했다.

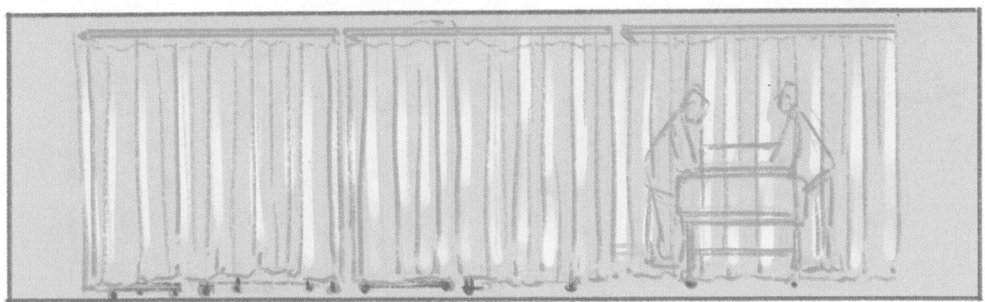

준영은 복도에서 쪽잠을 자며
밤을 함께해주었다.

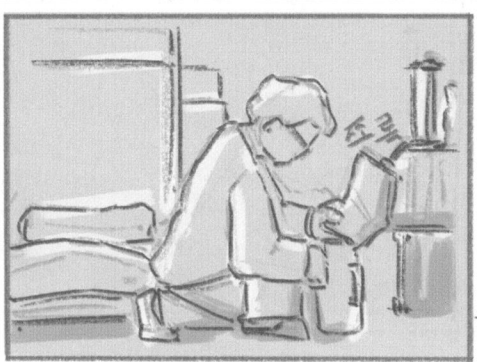

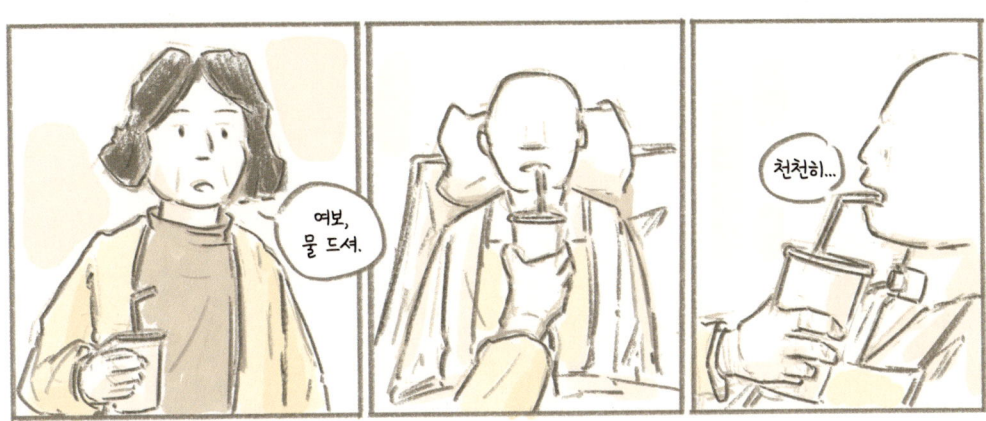

광진 아저씨가 돌아오며 24시간의 간병에서 벗어난다.
노동이 끝났다는 해방감이나 성취감 따위가 몸을 달뜨게 만들었다.

돌아가는 길에 맛있는 점심을 사 먹으면서 서로에게 음식을 권했다.
아버지만 남겨두고 떠나오는 우리 각자의 미안함도 함께 목으로 떠넘겨야 했다.

10화
조용한 희망

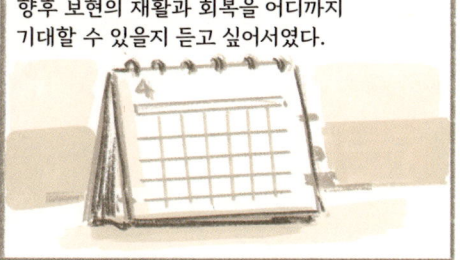

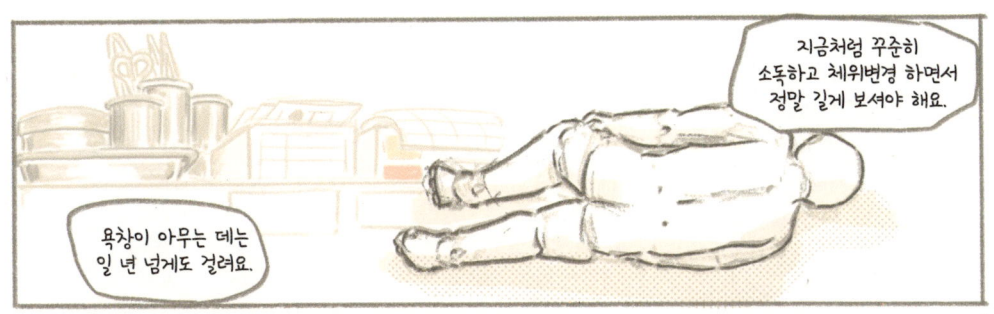

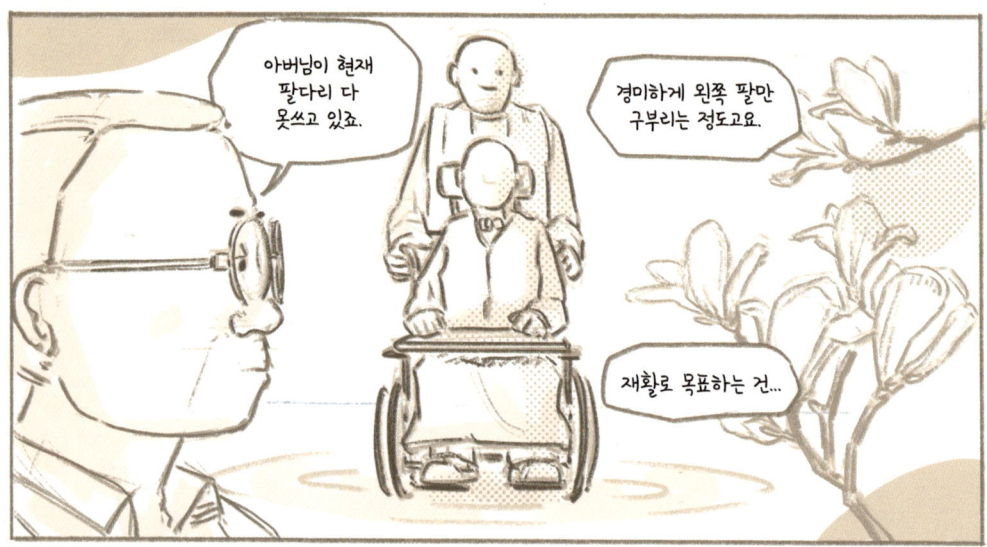

보현의 미래에 대해, 앞으로에 대해
처음으로 들어보는 말이었다.

다시 일상으로 돌아갈 수 있을 범위,
1년 안에 바라볼 단계들.
계단을 하나씩 넘어보자던
그의 말이 참 고마웠다.

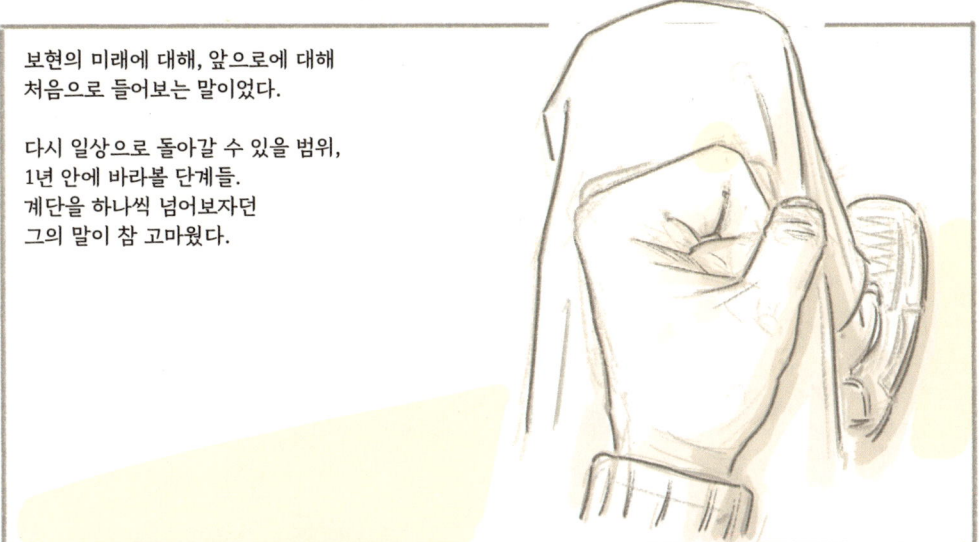

사고 이후,
어디까지 안 좋아질지

알 수 없는 채 계속 짙은 뻘로
가라앉는 느낌이었다면,

처음으로 한 발 내딛는 말이었다.

경숙과 처음으로 희망을 품고
복도를 걸어갔다.

보현을 만나러 간다.

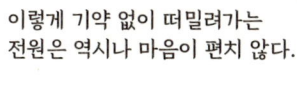

이렇게 기약 없이 떠밀려가는
전원은 역시나 마음이 편치 않다.

아, 시간이 벌써 이렇게.

이곳에서 저곳으로
건너가는 모든 순간에
벌어지는 틈은 사람만이 메울 수 있다.

여보,
꽃 피는 것도
몰랐네요.

봄이야 봄.

11화
환자들의 작은 동네

옮기기로 결정한 재활병원은

도심의 상가 건물에 위치해 있다.

경치 좋은 산을 끼고 지은 새 병원들에 비하면, 첫인상은 어수선하고 좋지 않았다.

하지만 재활을 잘하기로 평판이 좋았고

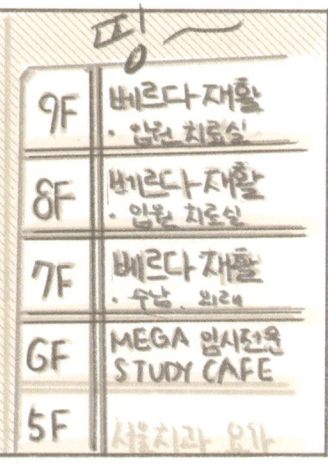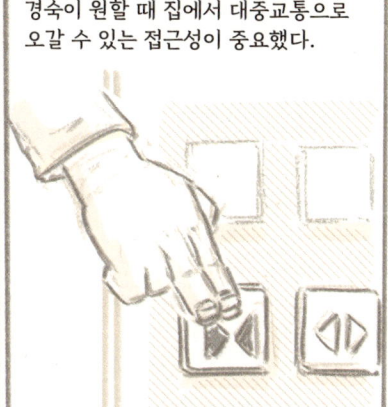

여러 재활병원을 경험하며 알게 된 점은

첫째, 병원의 큰 규모와 인프라가
환자 개인에게 유효한지 여부가 중요하다.

크고 새로 생긴 병원일수록
로비와 면접실, 치료실이 화려하지만,
정작 환자 1명이 사용하는 영토는 좁다.
공동 간병을 요구하는 이유는

병실에 상주하는 인원을 줄이면서
운영하려는 병원 측의 관리 효율성
때문이다.

1인 간병이나 보호자 간병이 허용되는 곳은
시설이 낡았지만 환자가 사용하는
면적이 큰 편이었다.

둘째, 신경외과, 내과, 재활의학과 등
3개 과목 정도의 의사가 병원 내부에 있으면

웬만한 의료 이슈에는 큰 병원으로
가지 않고 해결할 수 있다.

안정적인 간호 체계도 중요한데, 길게 입원하는
재활환자 특성을 알고 대응할 수 있고

간호사, 간병사, 환자의 관계가 형성되면서
긴밀한 의료와 돌봄이 작동한다.

셋째, 재활치료사가 젊은 치료사 위주로만
편성되면, 환자의 재활을 도울 만큼 힘과 경험이
없어 보이기도 한다.

환자 수에 비해 인력을 적게 쓰고 노동 강도가
높은 곳들은 의료 인력 회전이 잦고
재활치료의 질이 좋아지기 어렵다.

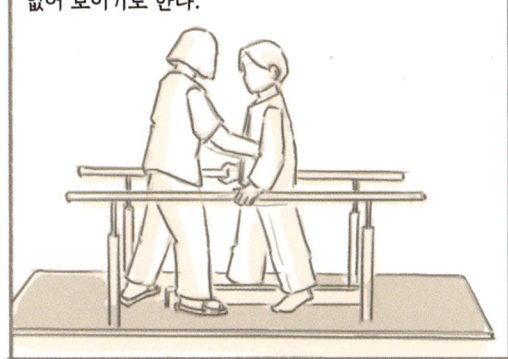
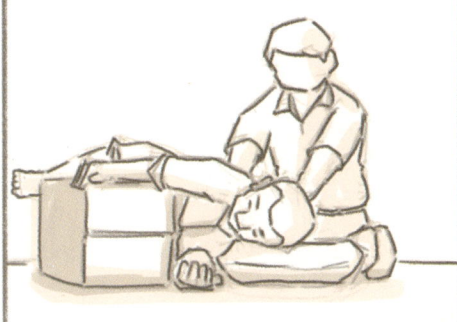

의사와 간호사, 재활치료사, 그리고 간병인

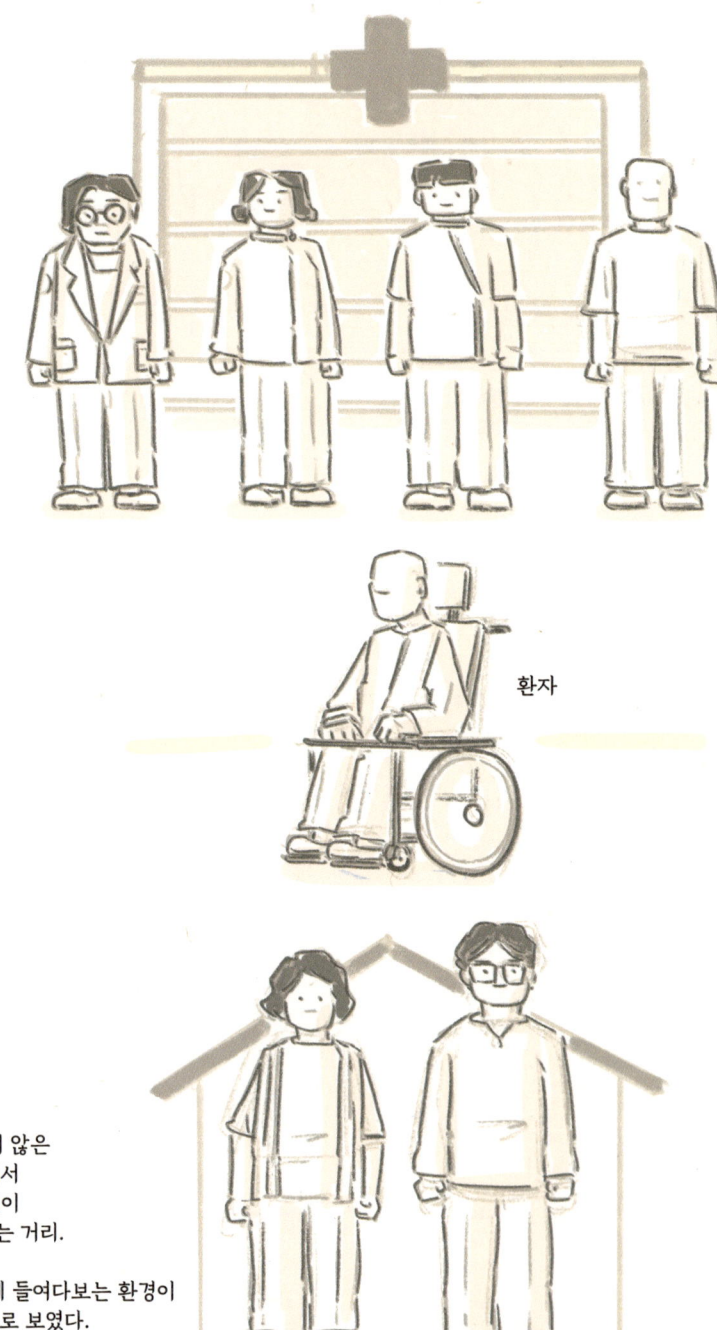

환자

병원과 집이 멀지 않은
생활권에 위치해서
보호자와 의료진이
함께 돌볼 수 있는 거리.

여러 사람이 함께 들여다보는 환경이
이상적인 돌봄으로 보였다.

이 병원은 원래 상가로 지어진 구조여서 병실과 복도가 컸다.

하지만 곳곳의 여백은 짐으로 그득했으며

인프라가 종합병원만큼 못했고 특히 물자에 인색했다.

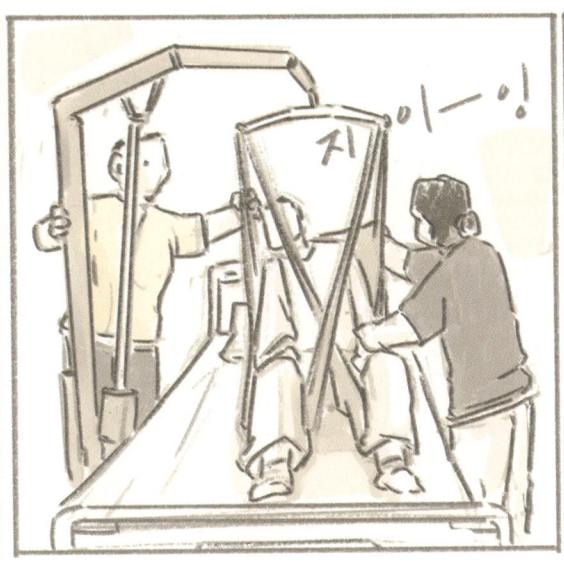

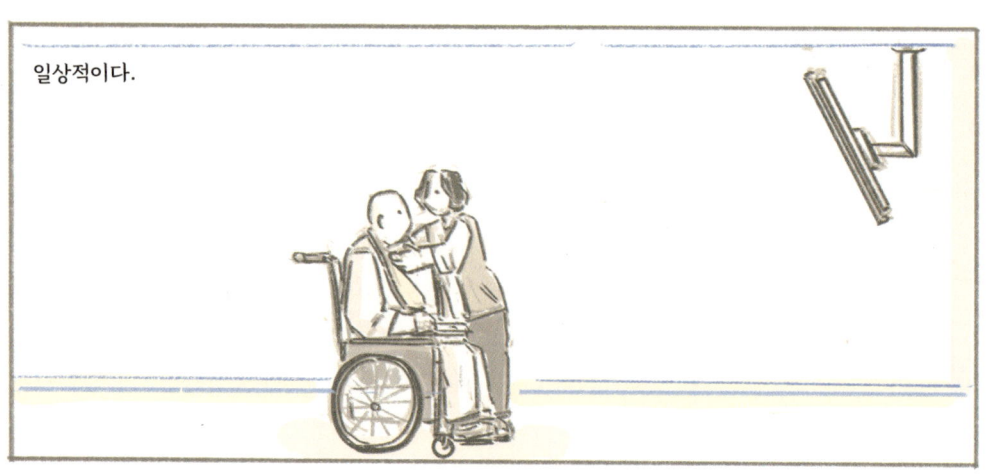

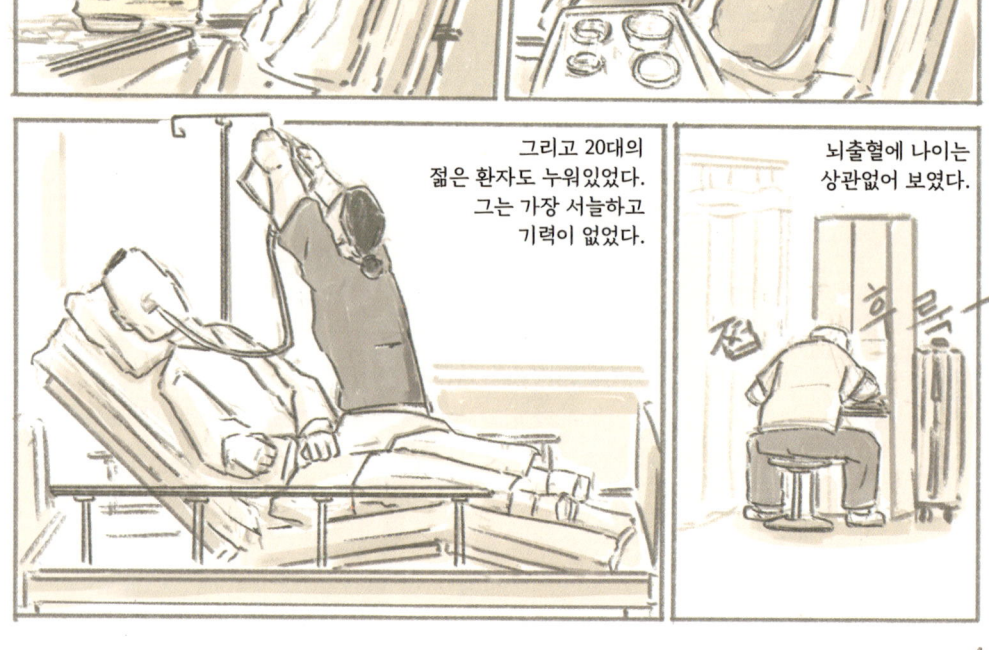

서로 친분이 쌓인 병실은
보호자들이 병실 가운데 자리를 깔고
함께 밥을 먹기도 한다.

병원에 가장 안 어울릴 것 같은
음식 냄새가 자주 번진다.

약품 냄새와 대소변 냄새,
그리고 음식 냄새는 늘 병실에서 뒤섞였고

면회를 온 사람들은 이 복잡한 냄새를
견디기 어려워서 금세 복도로 나왔다.

하지만 이곳에 가족을 두고 생활이 되어가는
이들은 그 냄새에 뒤섞여 살아간다.

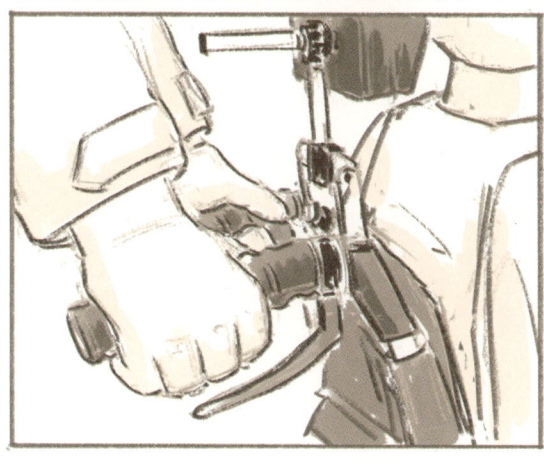

우리에게도 별일 없었던 하루.

큰일은 이미 벌어졌는데도,
이렇게 하늘을 보고 있으면
정말 아무 일도 일어나지
않은 것만 같다.

12화
많이 좋아졌네요

동네 헬스장에 등록했다.

주로 앉아서 생활하던 시간이 길었으니

나에게 근육이 있을 리 없었다.

계속 간병을 하려면 근육이 필요하다.

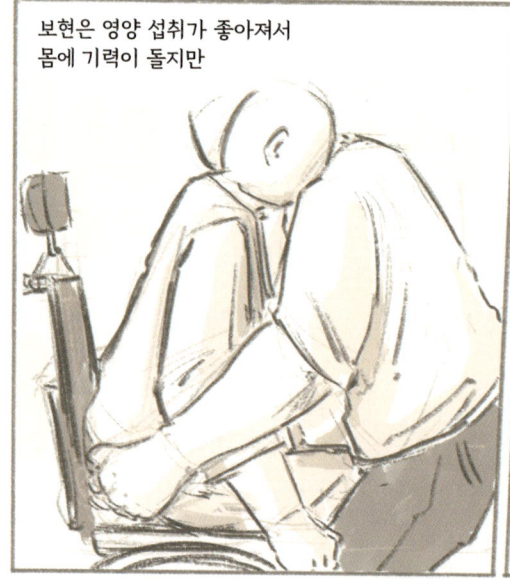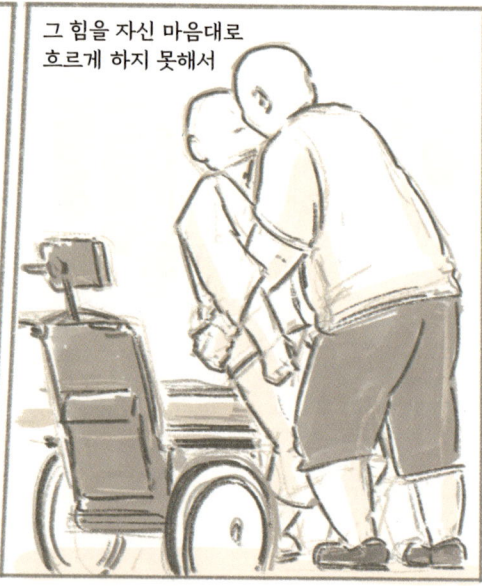

보현은 영양 섭취가 좋아져서 몸에 기력이 돌지만

그 힘을 자신 마음대로 흐르게 하지 못해서

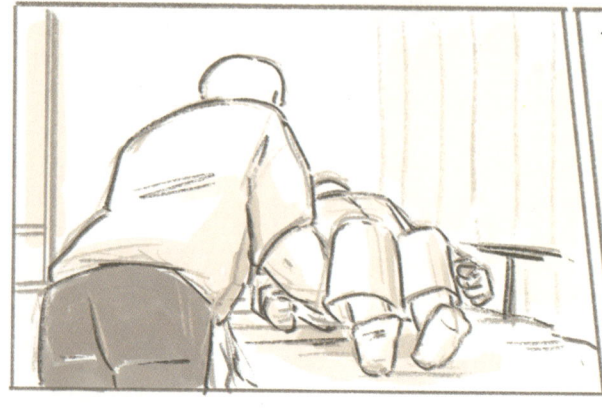

강직이 생겼다.

그가 버티거나 힘을 주면
충격이 고스란히 나에게 왔다.

팔과 어깨, 허리는
금세 피로했고
하루 지나면 허리에
통증이 남았다.

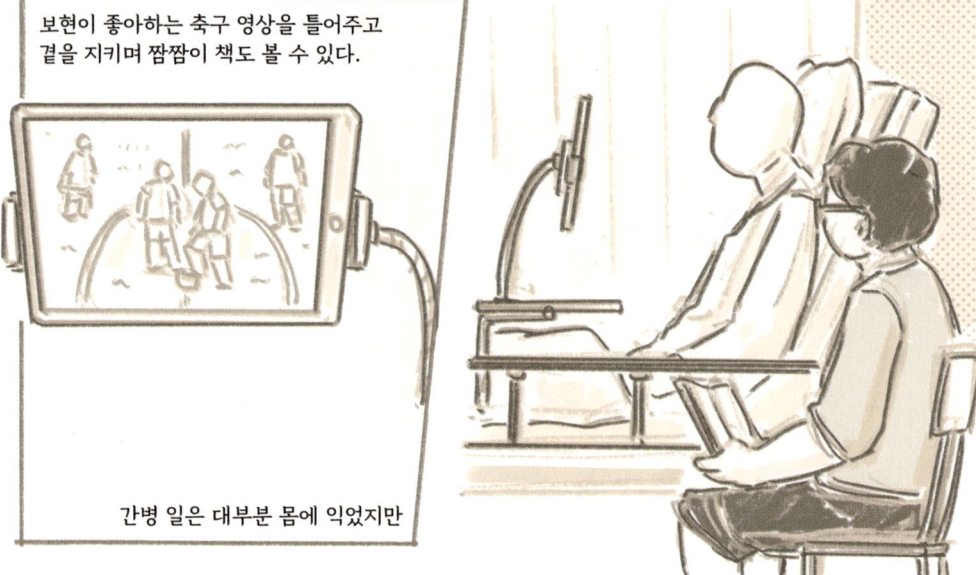

그의 몸을 다루는
일만은 여전히 힘이 부쳤다.

간병하며 다치지 않으려면
팔과 등, 허리 쪽 근육이 필요했다.

돌봄에는 근육이 필요하다.

많이 좋아졌네요.

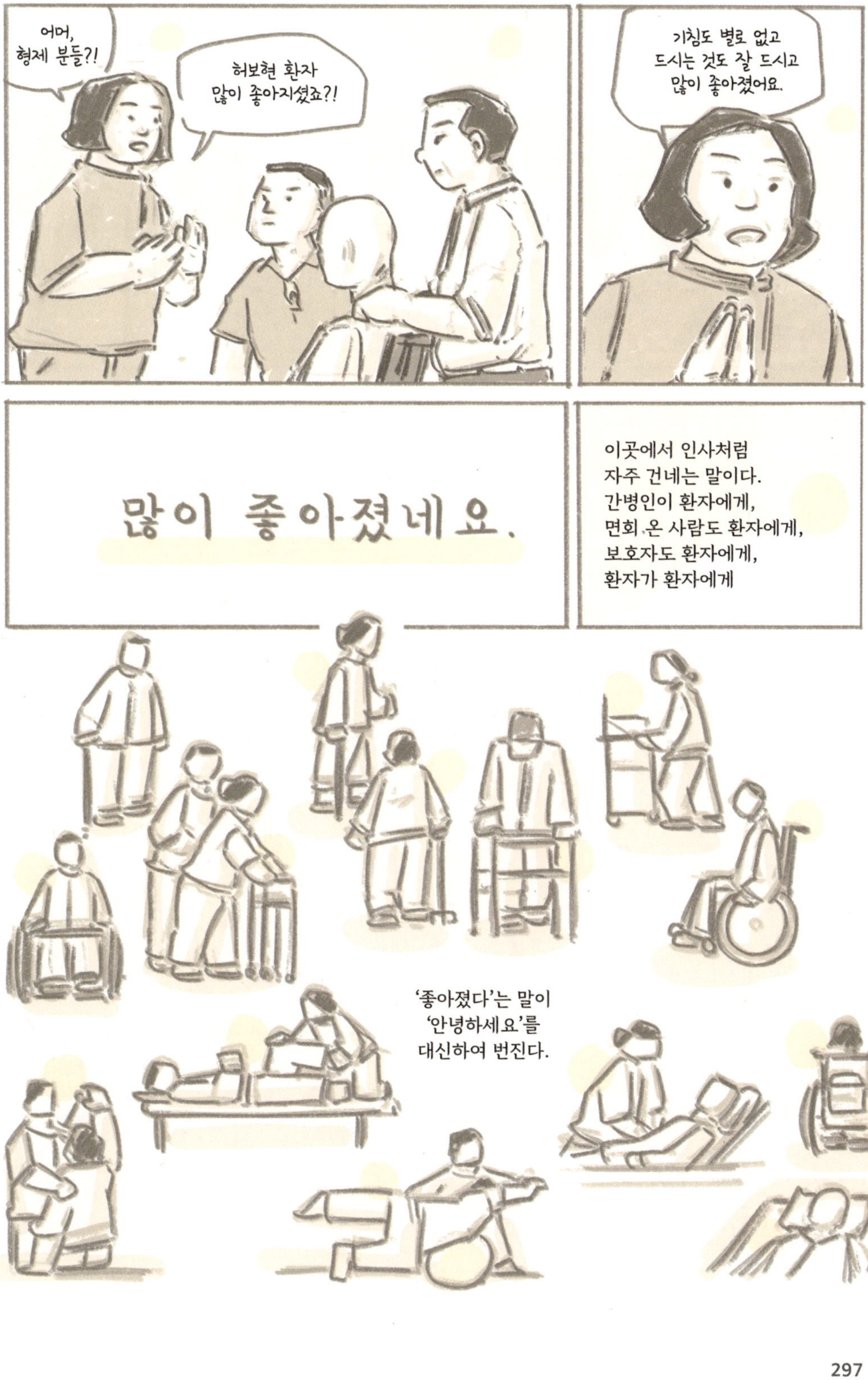

이곳에서 인사처럼 자주 건네는 말이다.
간병인이 환자에게,
면회 온 사람도 환자에게,
보호자도 환자에게,
환자가 환자에게

'좋아졌다'는 말이
'안녕하세요'를
대신하여 번진다.

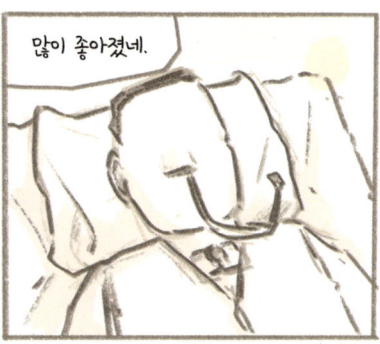

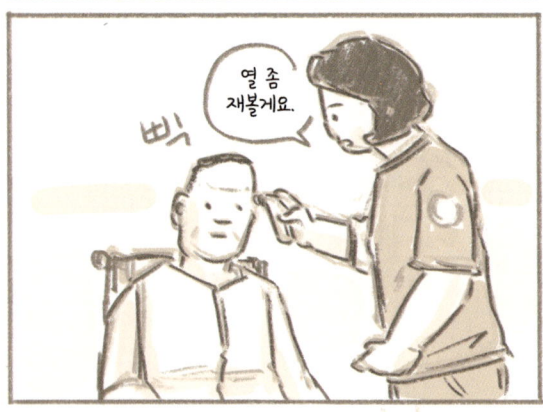

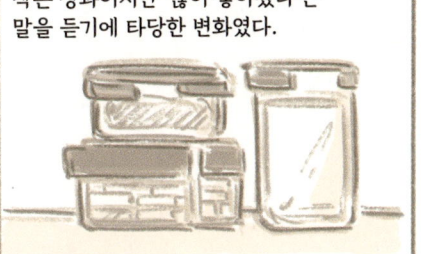

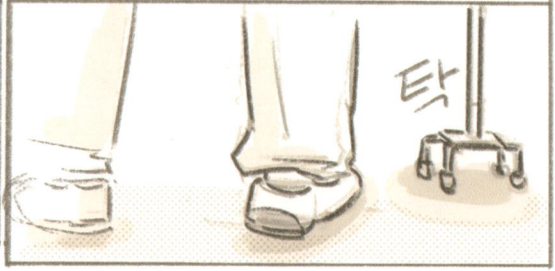

하루 종일 재활을 하고
쉬고 싶은데 등 떠밀려 나온 부모와

걷지 못할까 봐
애가 타는 보호자가
코끼리 앞에서 자주
아웅다웅하기도 한다.

힘들면 안 해도
괜찮다니까,

대회 나가나...
뭐 이렇게
열심히 해?

잘 잡기나 하쇼.

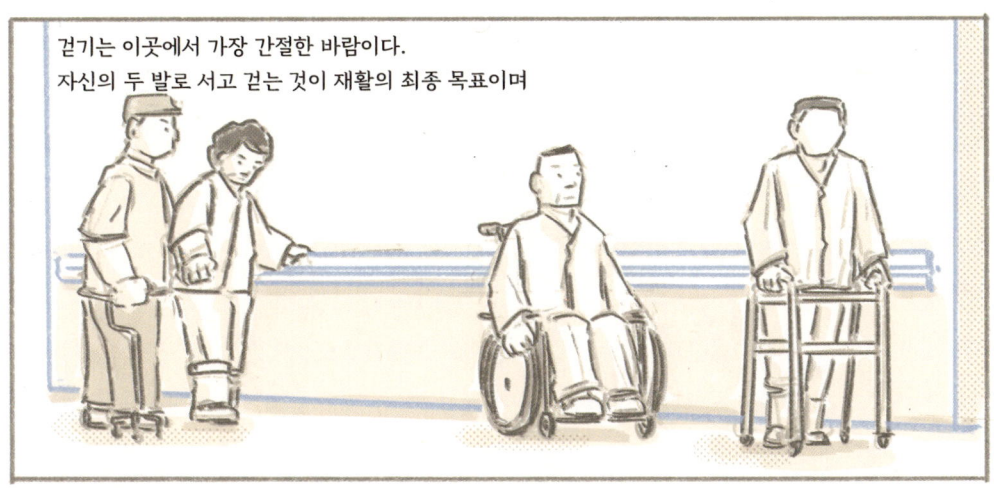

걷기는 이곳에서 가장 간절한 바람이다.
자신의 두 발로 서고 걷는 것이 재활의 최종 목표이며

일상으로 돌아가는 척도다.

남들 보기 이상해도 매일 걷기 위해
매진하는 하루들이 이곳에 있다.

다시 자신의 삶으로
돌아갈 수만 있다면

형편없는 턱걸이도 매일 매달리니 열 개를 채우게 되었고

두 달쯤 지나며 팔이 조금씩 두꺼워졌다.

굽은 등도 꼿꼿해지기 시작했다.

나에게 가장 큰 도전은 보현을 침상에서 휠체어로 옮겨보는 것이었다.

침상에서 상체를 일으켜 세울 때 한 번, 재빠르게 휠체어로 옮길 때 두 번 힘이 요구된다.

소형 기중기의 도움으로 옮기기도 하지만,

기구를 사용하는 만큼 과정이 길고 휠체어에 똑바로 안착시키기 어렵다.

유튜브를 여러 번 보며 자세를 시뮬레이션해 보았다.

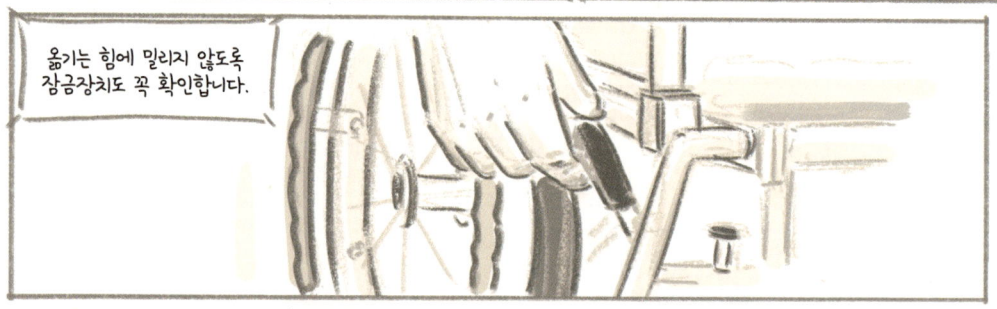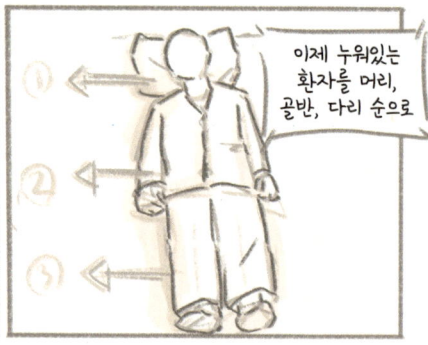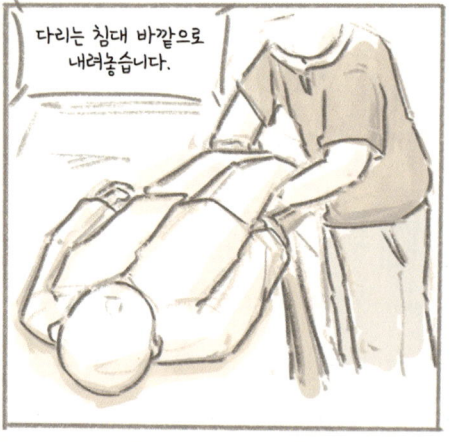

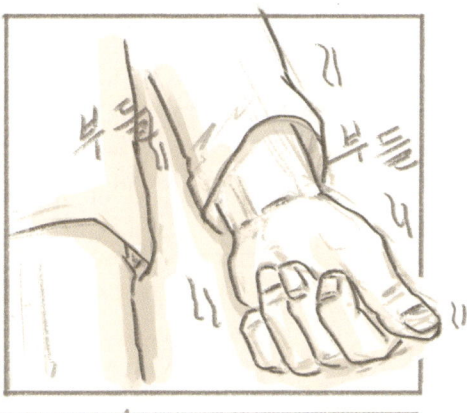

두 팔로 환자의
등까지 감싸 안고

상체를 일으켜
세워야 합니다.

일으킴과 동시에
한 손으로 상체가
쓰러지지 않게 잡고

하체는 침상 밖으로 당기며
몸을 돌리면 침대에
앉을 수 있습니다.

보현도 재활로 허리에 힘이 생겨서
앉는 자세가 쉽게 무너지지 않았다.

보현을 껴안고 등을 두어 번
도닥이며 숨을 골랐다.

저기까지
왜 이리 머냐.
휠체어
안 밀리겠지?

제가 잡아줄게요.
걱정 말고
한번 해보세요.

아,
감사합니다.

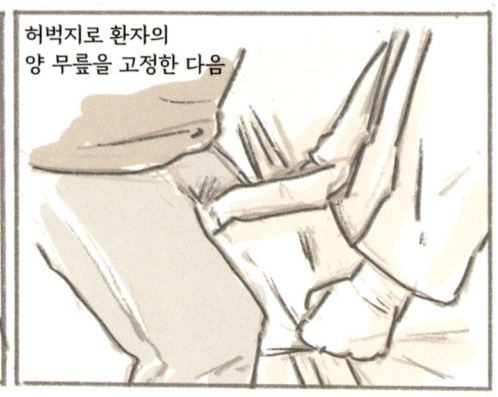

허벅지로 환자의
양 무릎을 고정한 다음

아버지, 진짜 옮길게요.

바지춤을 샅바처럼 움켜쥐고

몸을 들어 올린다!!

아, 힘이 생겼구나.

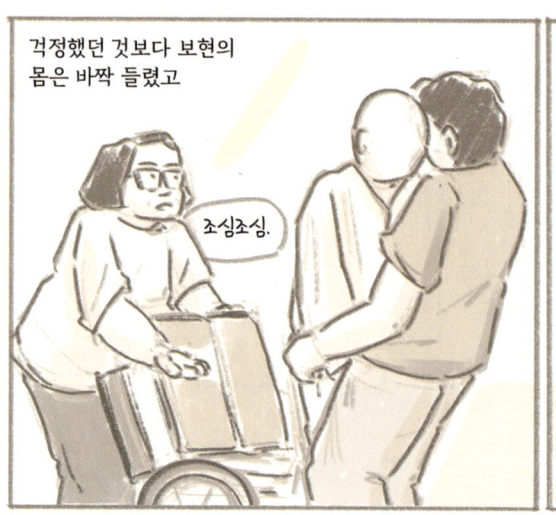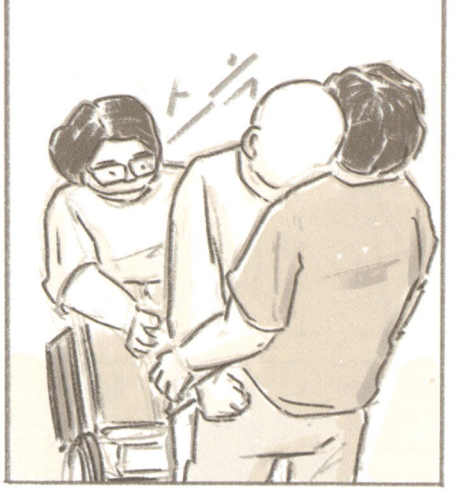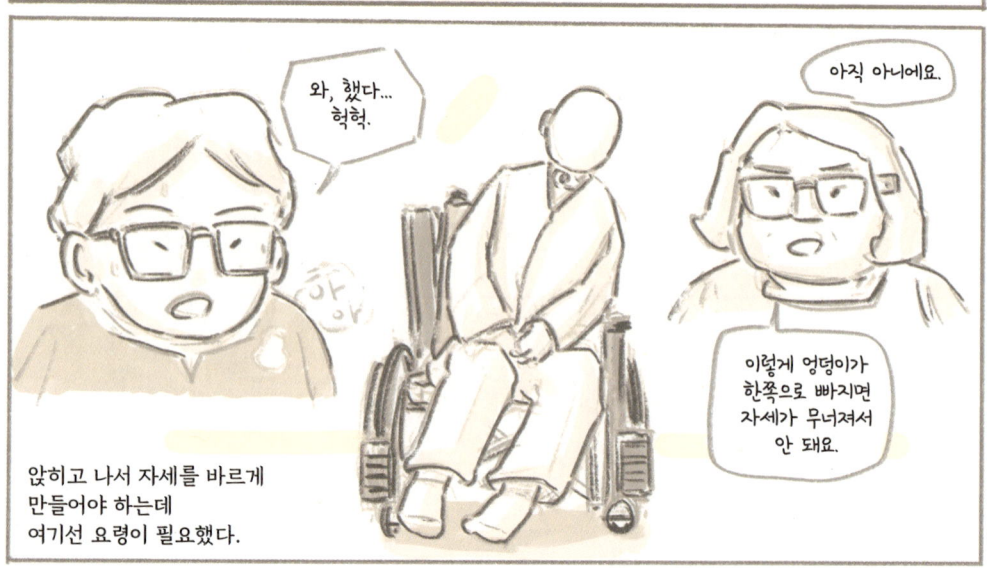

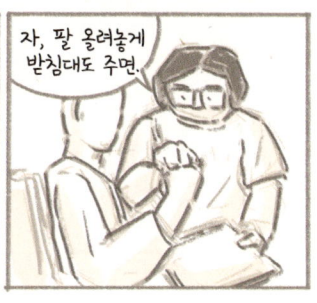

잔잔해 보이는 수면 아래에도
'별일' 없어 보이도록
방어하는 수고가 있다.

중증환자의 하루는 고되고
지난한 돌봄의 연속이다.

회복이 요원한 채로 하루하루를
살아야 하는 이후의 삶은

막연함 그 자체를 감당해야 한다.

'많이 좋아졌네요.'

서로가 버티기 위해 되뇌는
주문이다.

13화
성년후견인

가족 내의 경제적 사정은 생각보다 투명하지 않다. 보현은 경숙에게 매달 생활비 통장에 200만 원을 입금해 주었고

그 외의 자산 관리는 본인만 알고 있었다.

외부에서 돈을 벌어오는 일, 집에서 살림을 맡는 역할을 선명하게 나누어 했던 그들 세대의 문법이다.

하지만 병원에 들어서며 뒤에 재빨리 따라붙는 것은 경제적 압박이고, 생활비 외의 돈이 필요해진다.

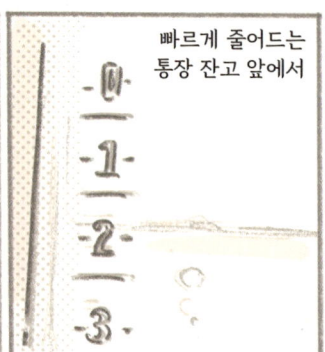
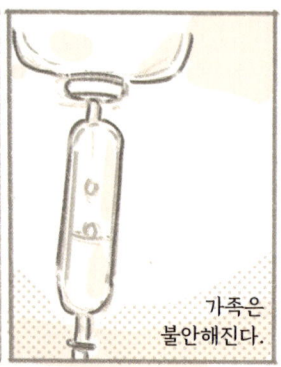

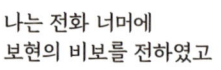

이때 처음으로 '성년후견인' 제도를 알게 되었다.

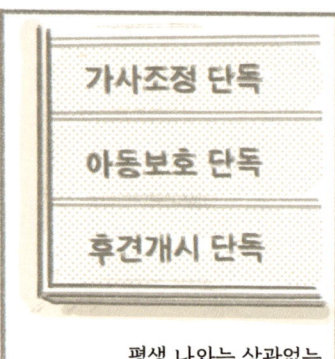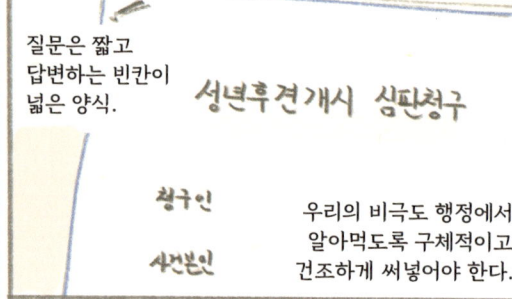

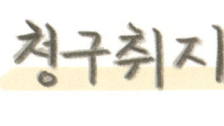
나의 아버지가 사고를 당하여 몸을 움직일 수 없고

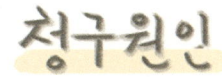
그의 의료적, 경제적 돌봄을 위해 성년후견인을 신청합니다.

인지가 돌아오지 않아 의사소통이 안 되며

병원에서 타인의 보조 없이 생활이 불가능합니다.

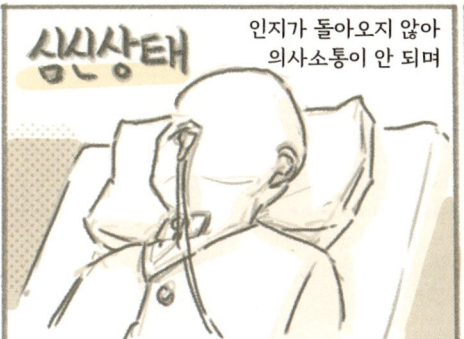

그리고 전문 의사의 소견서가 필요하다.

신청서 두 번째 페이지에는 10개의 첨부서류가 열거되는데,

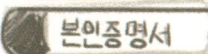

주민센터에서 받아야 하는 등본이나 가족관계증명서는 기본이고, 가족구성원들의 동의서,

알겠습니다. 환자 상태에 대해 자세히 써드리는 게 좋겠군요.

성년후견의 청구 이유나
필요성에 대해서
상세히 작성하려면

머리를 크게
급성기 치료

'저희 집 상황이 이렇게나 어렵습니다'를
상세히 글로 써 내려가야 하는데,
감정을 한쪽에 미뤄두고서 쓸 수 있다.

쓰고 나면 누군가의
안쓰러운 사정으로
읽히다가

현재 사건본인은 인지 기능장애와
사지마비의 와상생활을 하며

그것이 바로 나의 일임을
자각하게 된다.

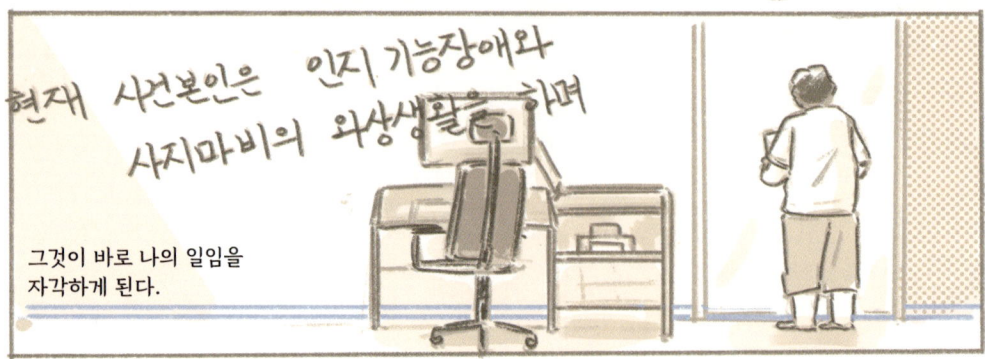

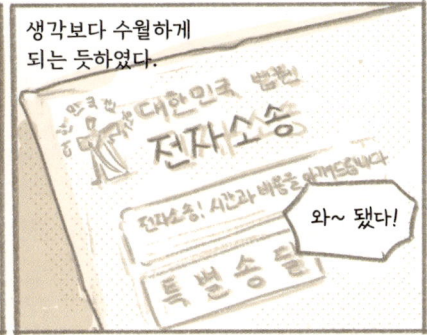

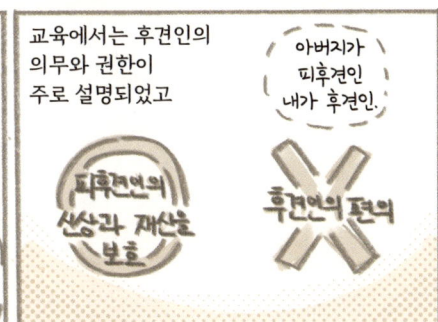

기대

법원의 공식적인 보호자로 지정되면

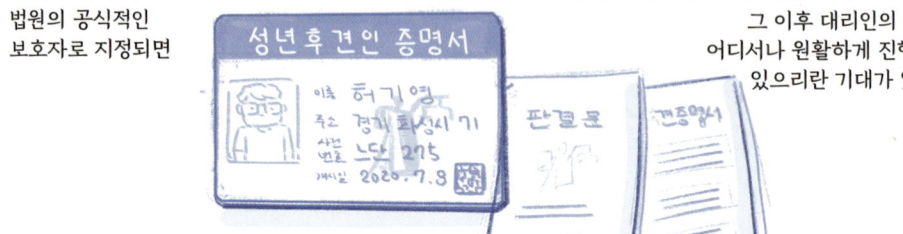

그 이후 대리인의 업무는 어디서나 원활하게 진행할 수 있으리란 기대가 있었다.

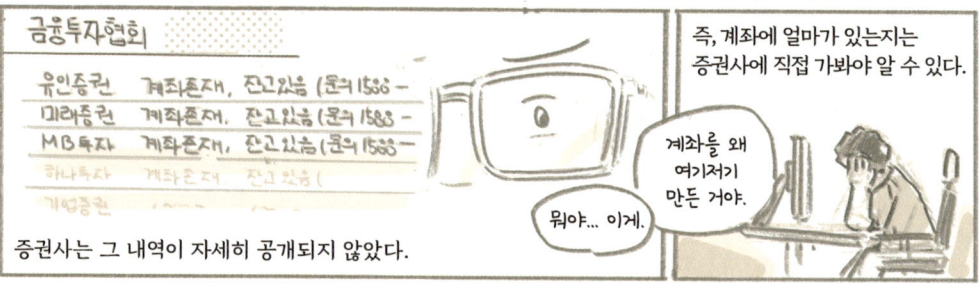

제도를 악용한 사기를 검토할 수 있지만, 매 순간 의심과 기다림을 견디는 일은 힘들다.
혹여나 반려되어서 이 과정을 처음부터 다시 겪지 않기를 초조하게 견뎌야 했다.

몇 곳을 돌았지만
자산이 거래되던
증권사는 딱 한 곳이었고

나머지는

만 원 남짓 들어있는
빈 통장들이었다.

통장을 해지하고
거슬러 받은 잔돈으로
늦은 끼니를 먹었다.

아... 아버지.

그가 사준 밥이라 생각했다.

결국 법원이 정해준 마감을 한 달 넘겨서야 모든 서류를 제출할 수 있었다.

성과라면 실제 보현의 자산 규모 전체를 알게 된 것이지만,

모든 은행 거래는 직접 방문해야만 가능했고

이후에도 창구에서 보내는 길고 지난한 과정은 어느 하나 생략되지 않았다.

나는 3년간 그와 매우 가까이 일했지만, 사실 그의 삶이 어떠한지 알지 못했다. 내가 입사하기 한 해 전, 그는 교통사고를 겪었고 가족이 크게 다쳤다고 들었을 뿐.

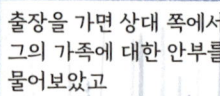

그의 배려 안에서 나는 한 명의
사회인으로 자리 잡을 수 있었지만,

그가 무엇을 감당하고
있었는지 모른 채,

그의 친절함에 기댄 것이
늦게나마 많이 미안해졌다.

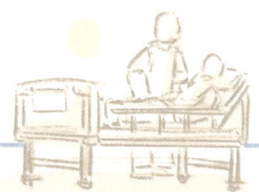

서로의 일상이 무너지지
않기를 조용히 기도한다.

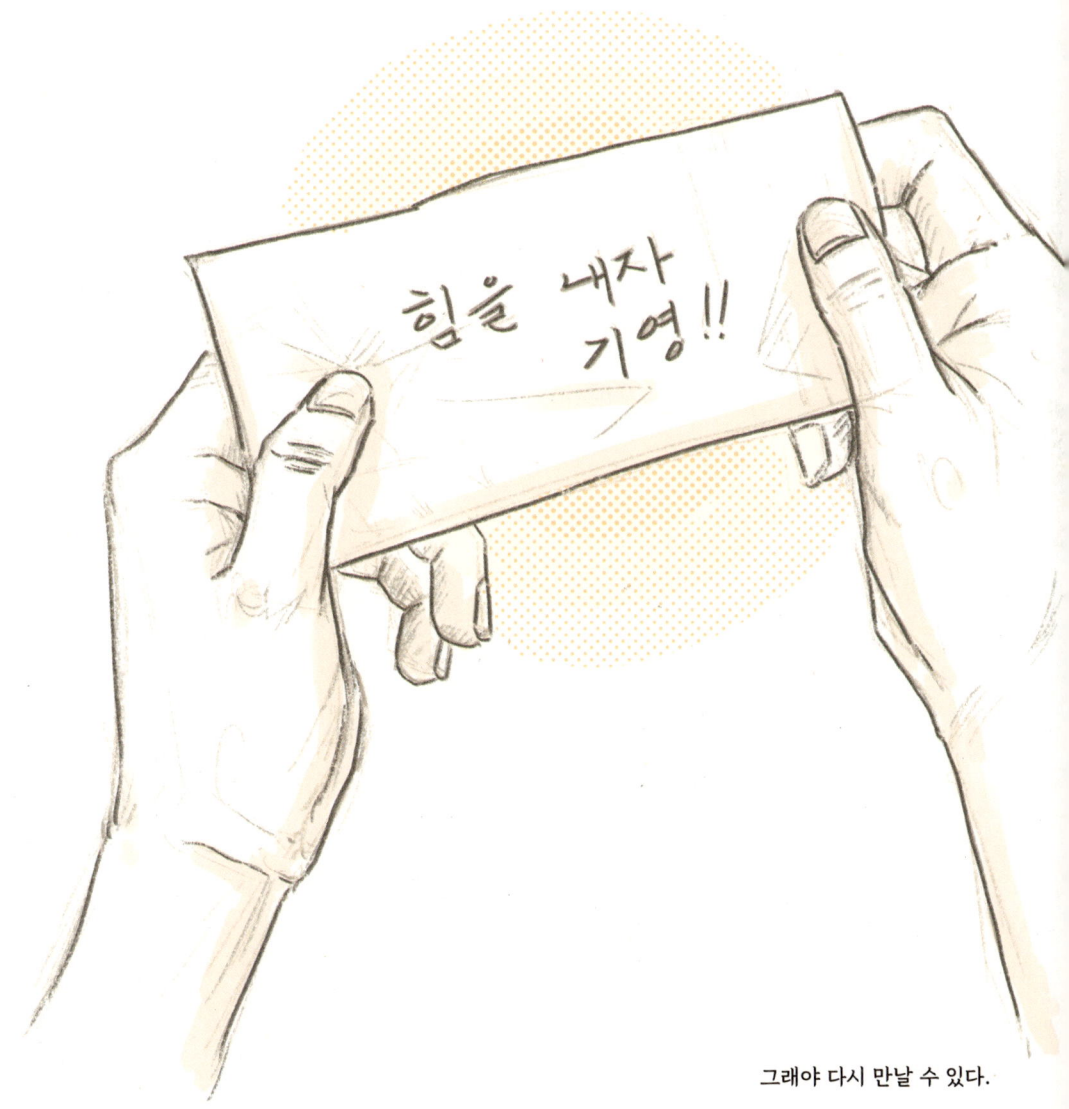

그래야 다시 만날 수 있다.

14화

대변되지 않는 삶

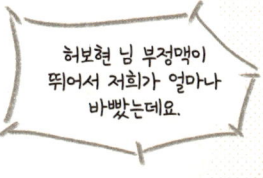

나는 지난날의 학습을 통해 익혔다.
이런 전화로 보호자를 호출할 때,

서둘러 가도 뚜렷이
할 수 있는 게 없다는 것을.

그래도 제시간에
닿지 못할까 봐

아 씨....

나는 길 위에서
자주 초조했다.

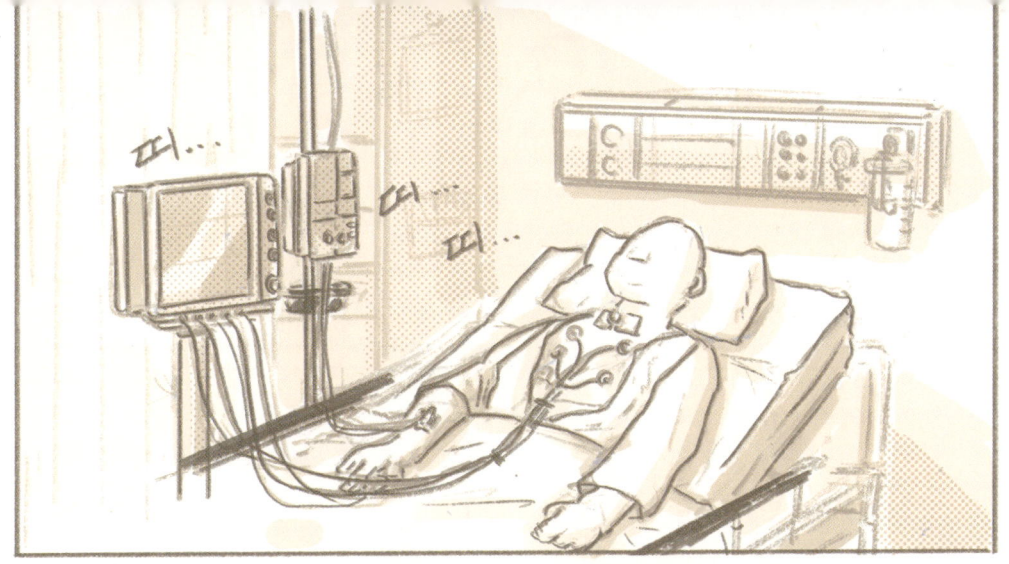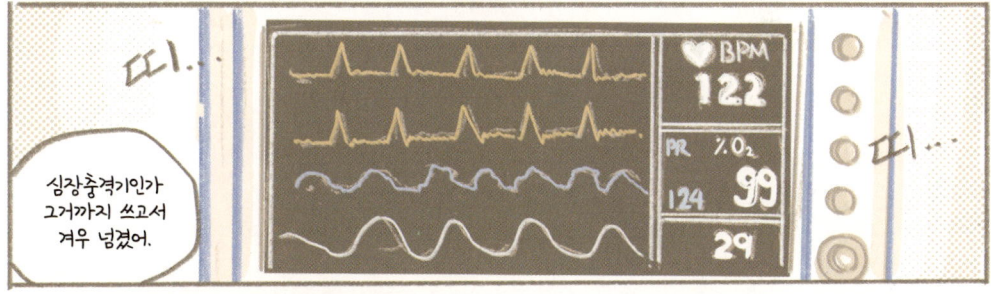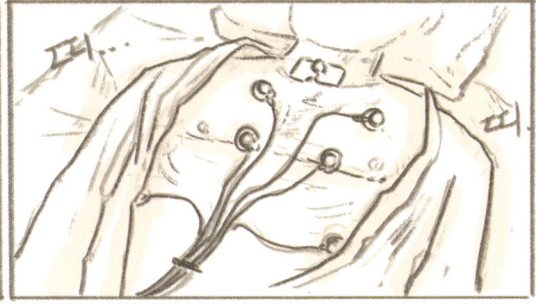

사고 이후로 한 달에 한 번씩 보현의 심장은 부정맥으로 뛰었고

그때마다 소동이 일었다.

응급 시마다 정맥주사로 맥박이 잡혔지만, 그 용량은 3mg, 6mg, 12mg으로 늘어갔다.

12mg이 투약할 수 있는 최대치인데

이번에는 12mg을 두 번 투약해도 잡히지 않았다고.

안 잡히네... 제세동기 씁시다.

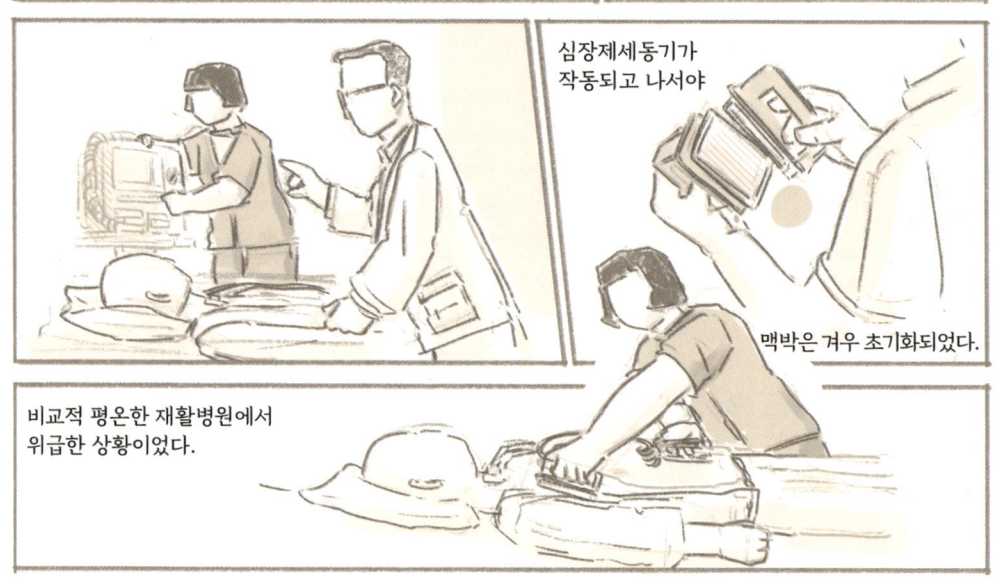

심장제세동기가 작동되고 나서야

맥박은 겨우 초기화되었다.

비교적 평온한 재활병원에서 위급한 상황이었다.

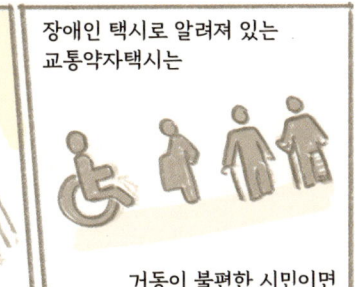

장애인 택시로 알려져 있는 교통약자택시는

거동이 불편한 시민이면 대체로 이용 가능했다.

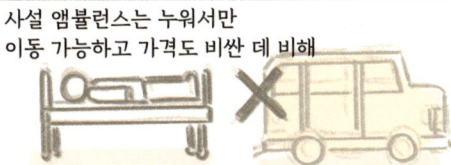

사설 앰뷸런스는 누워서만 이동 가능하고 가격도 비싼 데 비해

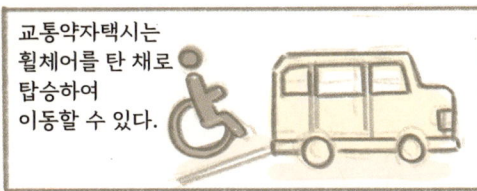

교통약자택시는 휠체어를 탄 채로 탑승하여 이동할 수 있다.

지자체에서 운영해서 요금도 매우 저렴한 데다

12인승 밴을 개조하여 내부가 크고 쾌적하며

휠체어 탑승석에 별도 안전장치가 있고

사설 앰뷸런스는 다음 콜을 받으려고 무리하게 운행하는 편인데

택시는 정규 속도로 운행하기에 훨씬 더 안정적이다.

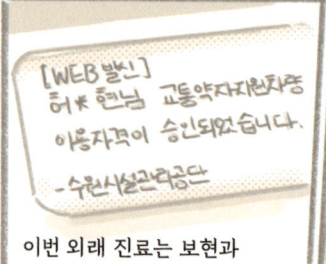

이번 외래 진료는 보현과 교통약자택시를 타고 이동해 보기로 했다.

대형병원 외래 예약은 홈페이지로 쉽게 되는 편이며

병원 예약이 확정되면 택시는 1주일 전부터 배차예약이 가능하다.

네, 다음 주 26일 택시 예약하려는데요.

허보현이요.

오전 11시에 베르다 재활에서 수원 이수대 병원 가는 거랑,

오후 1시에 이수대에서...

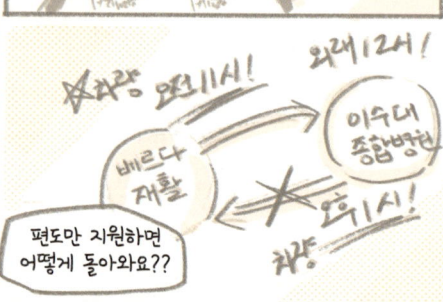

출발지가 화성시여야 가능해요.

이수대는 수원시니까 지원이 안 돼요.

네?! 돌아오는 건 안 된다고요?

편도만 지원하면 어떻게 돌아와요??

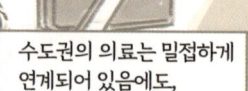

규칙이 그래서 안 돼요.

돌아오는 건 이용자 분이 알아서 하셔야 합니다.

수도권의 의료는 밀접하게 연계되어 있음에도,

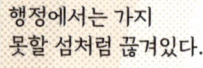

행정에서는 가지 못할 섬처럼 끊겨있다.

이런 중증환자나 장애인의 이동은 무엇 하나 편하지 않다.

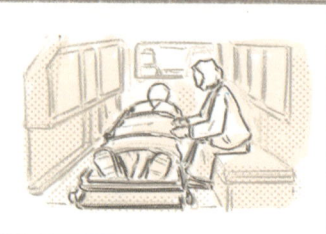

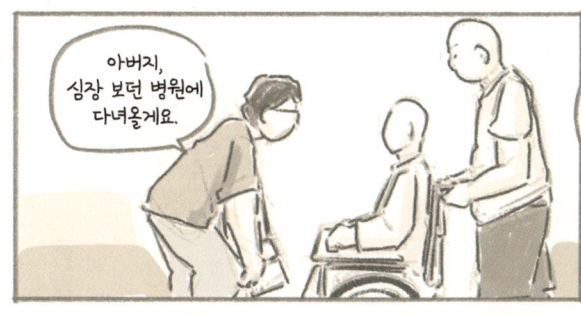

보현을 대변하는 상황은
언제나 긴장되는 일이다.

기다리는 동안
소견서에
적힌 말을
검색하면서

의학적인 언어에
부합하도록
말을 되뇐다.

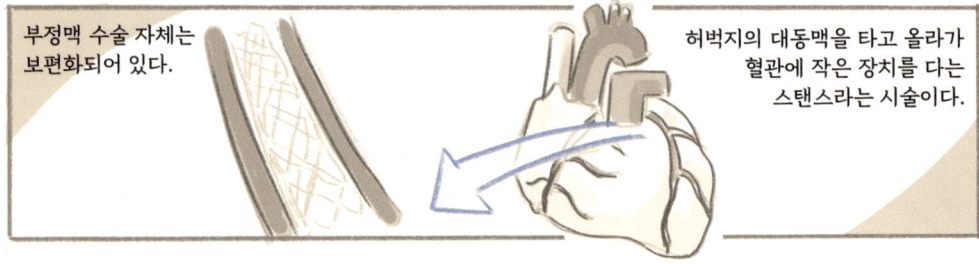

부정맥 수술 자체는
보편화되어 있다.

허벅지의 대동맥을 타고 올라가
혈관에 작은 장치를 다는
스탠스라는 시술이다.

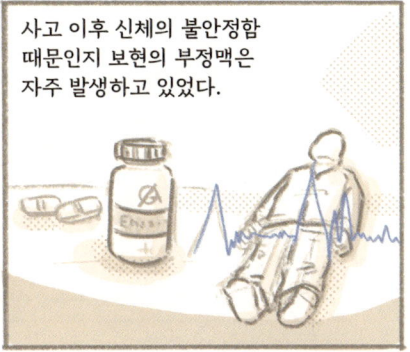

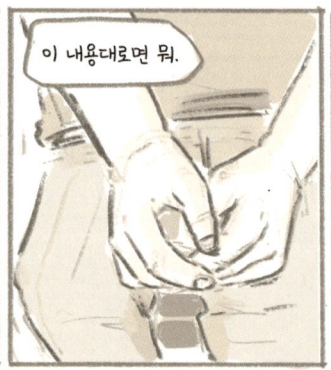

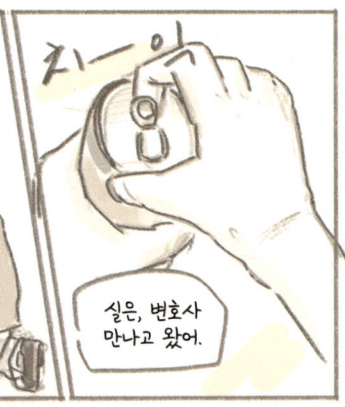

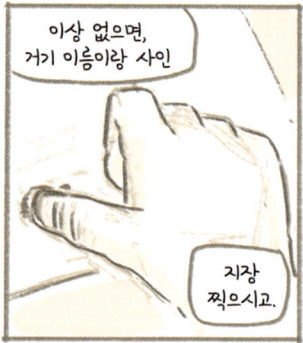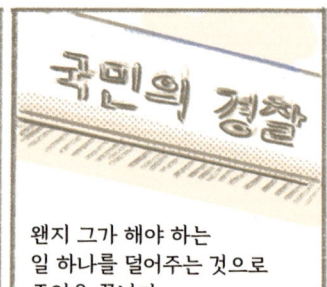

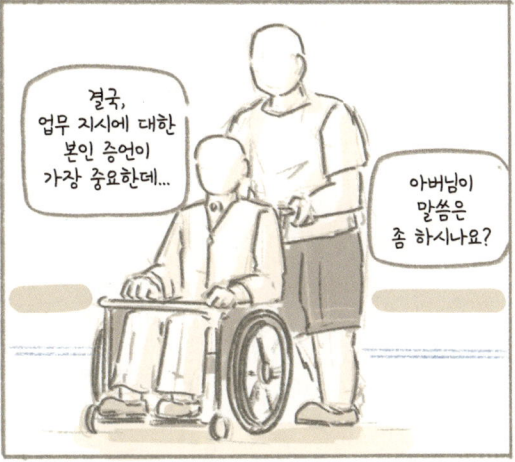

반협박의 합의 제안은
그걸로 끝이었다.

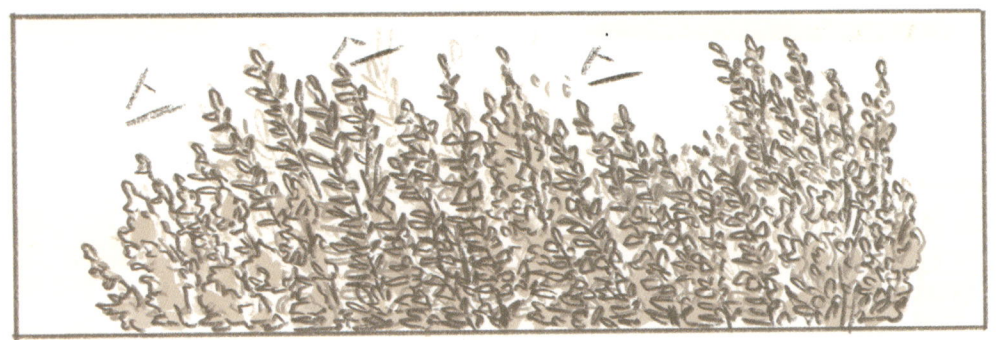

아버지,
내가 어떻게든 해볼게...

근데 잘 안 되네.

15화
끝나지 않는 밀어내기

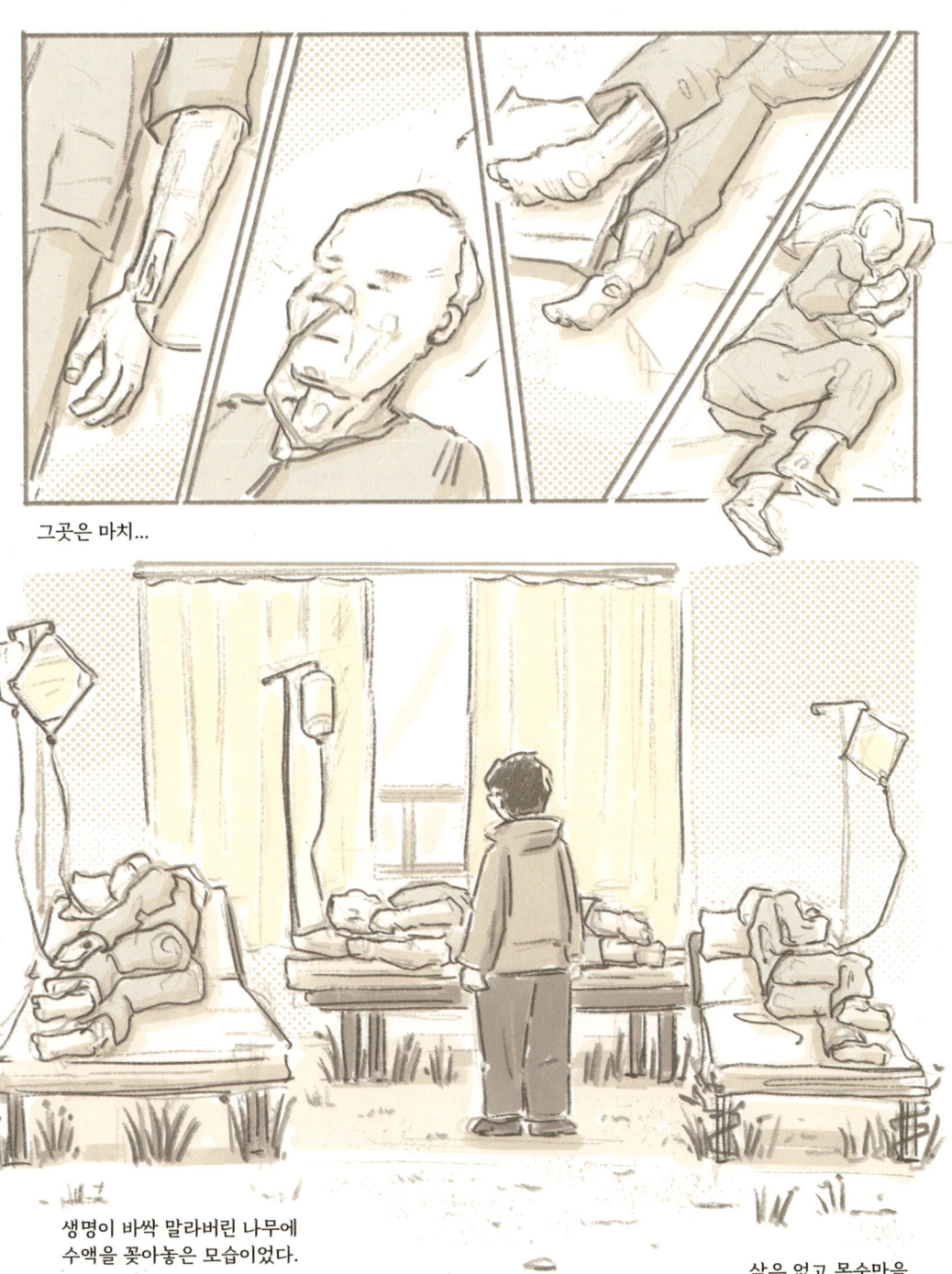

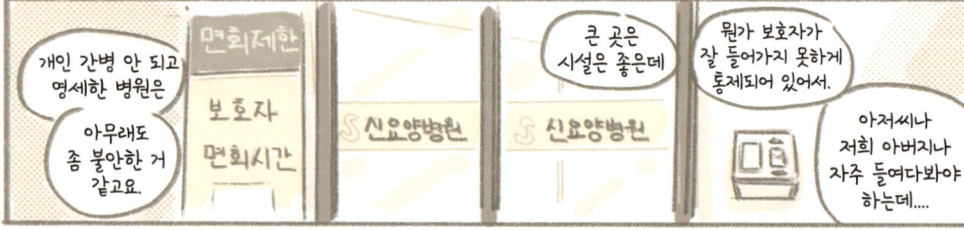

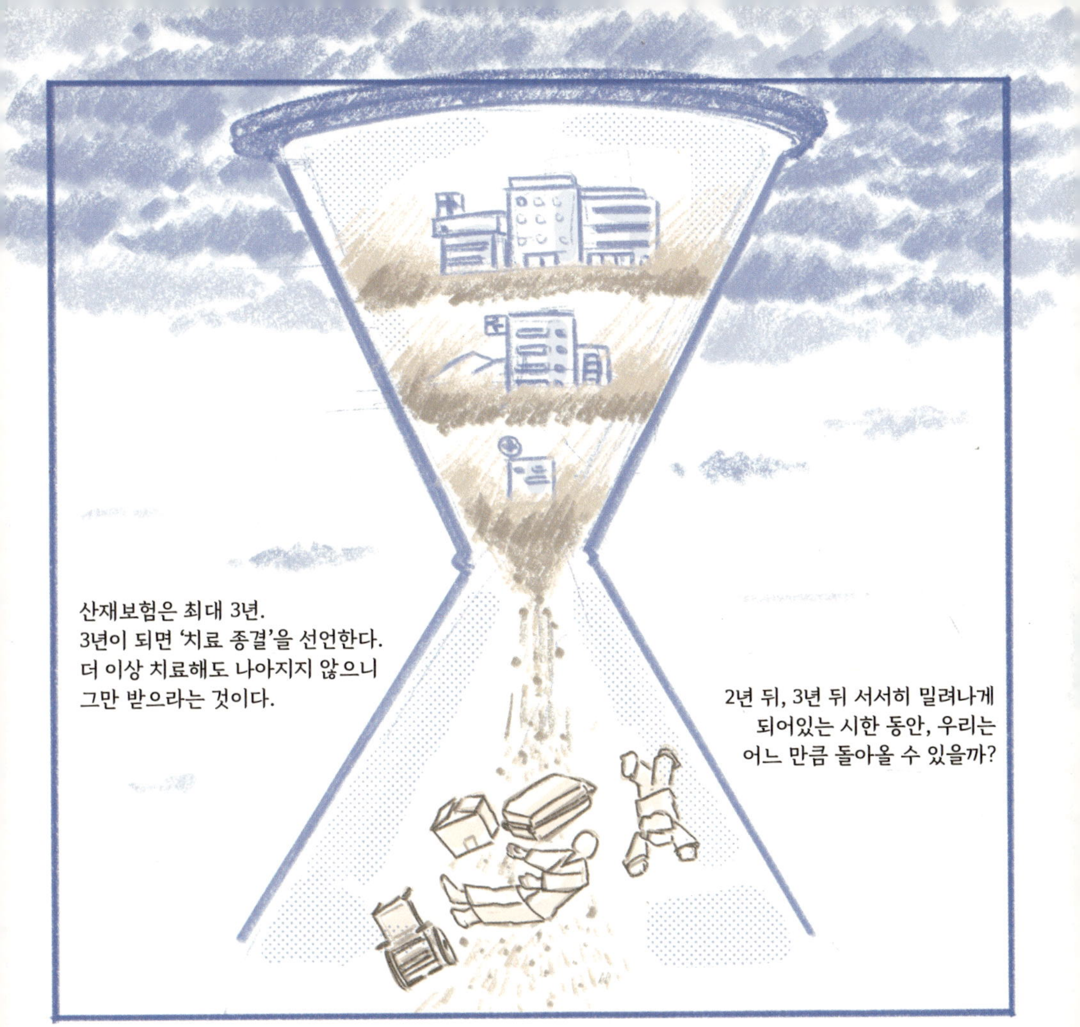

산재보험은 최대 3년.
3년이 되면 '치료 종결'을 선언한다.
더 이상 치료해도 나아지지 않으니
그만 받으라는 것이다.

2년 뒤, 3년 뒤 서서히 밀려나게
되어있는 시한 동안, 우리는
어느 만큼 돌아올 수 있을까?

이 시나리오를 설계한 사람들의 생각은 이제 그만 '장애'를 받아들이고
집으로 돌아가서 '일상'을 살라는 것이다. 그만큼 치료받고도 안 되면
집으로 돌아가라는 말이다.

산재는 치료 종료 절차도 있다.
의사들이 주욱 앉아서 거동이 안 되는
환자를 데려오게 하여 심사한다.
이들의 역할은 더 이상 치료의
불필요함을 의료적 권위로
확인시켜주는 일.

이후 병원에서 받는
모든 치료비 지원은 중단된다.

간단한 심문과 서류 검토 후
치료 종결을 확정한다.

팔 좀
들어봐요.

허보현 씨,
말할 수
있어요?! 말!

그리고 장해 등급을 매기고 연금을 지급한다.
'장해'는 신체와 정신의 영구적인
훼손 상태를 뜻하는 보험 용어이다.

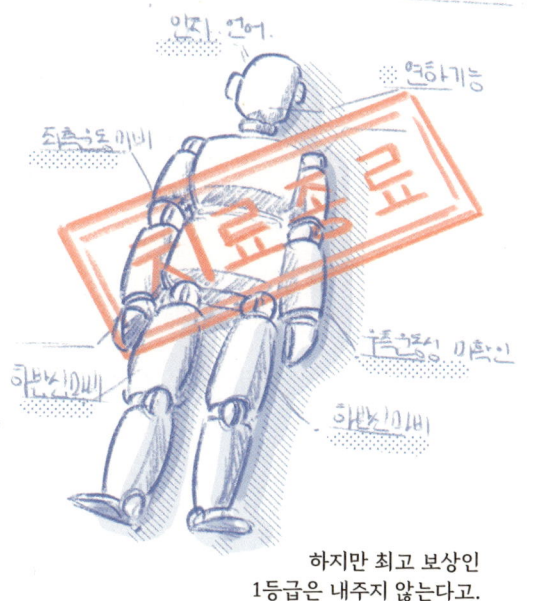

하지만 최고 보상인
1등급은 내주지 않는다고.

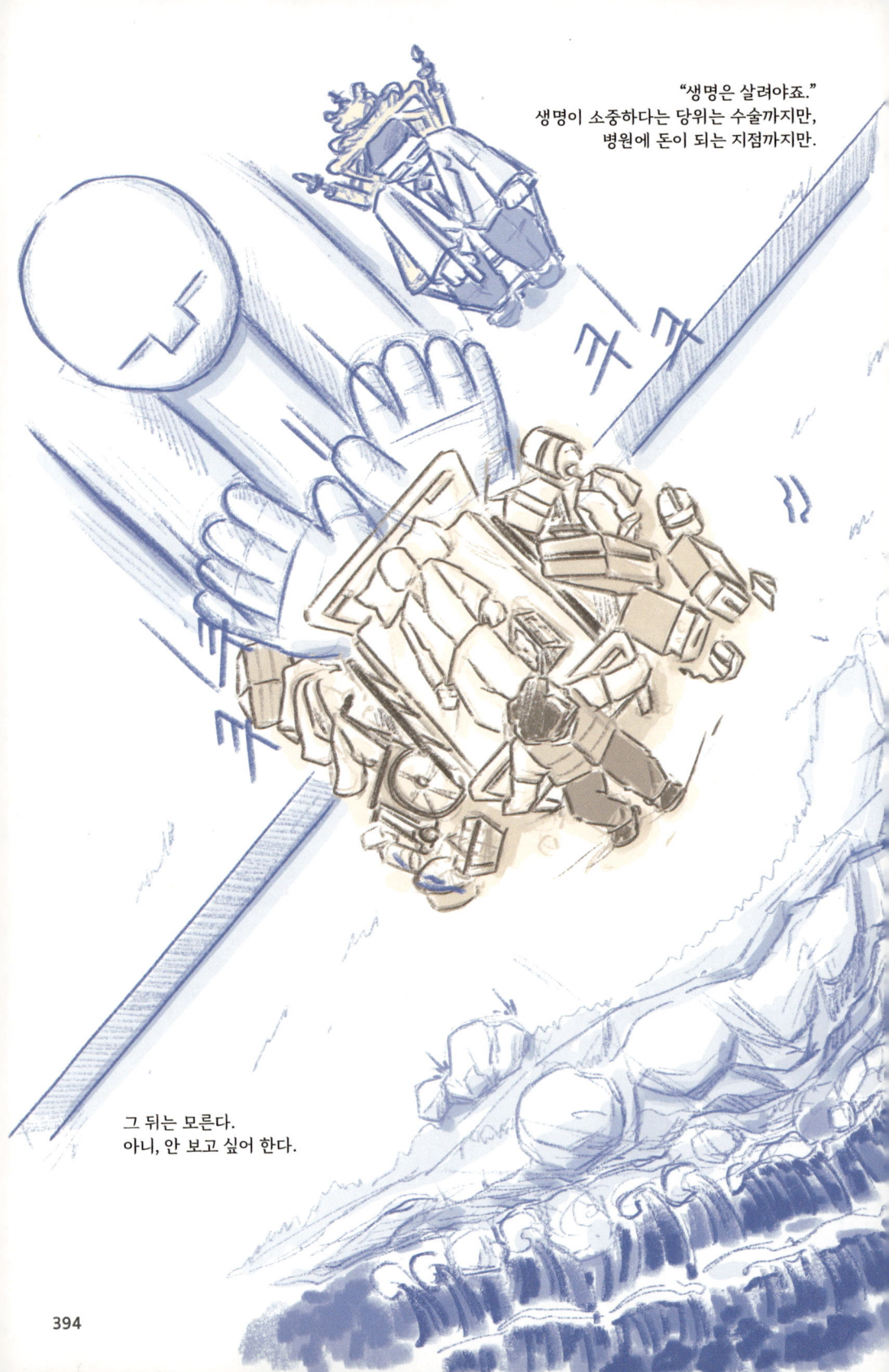

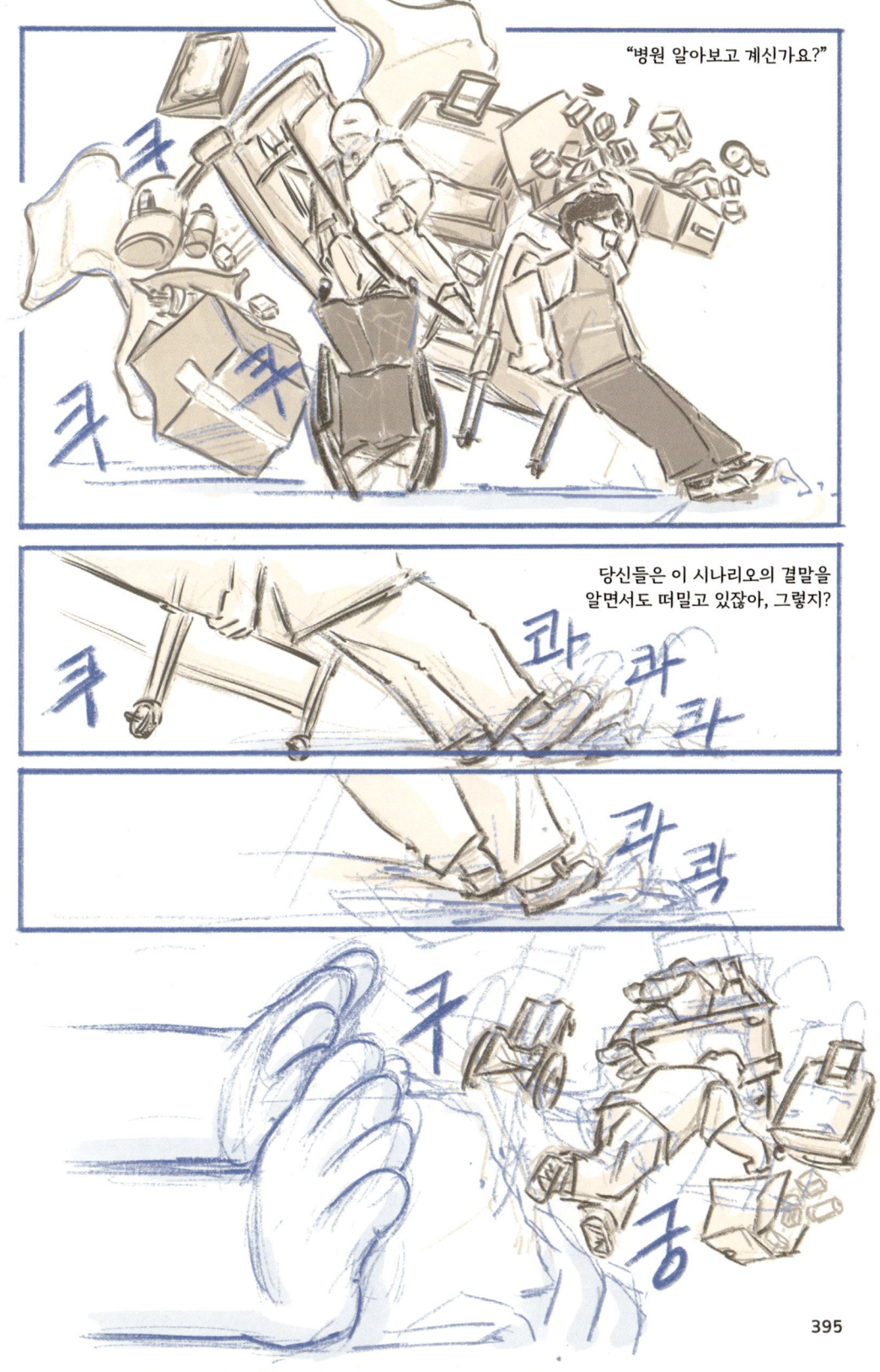

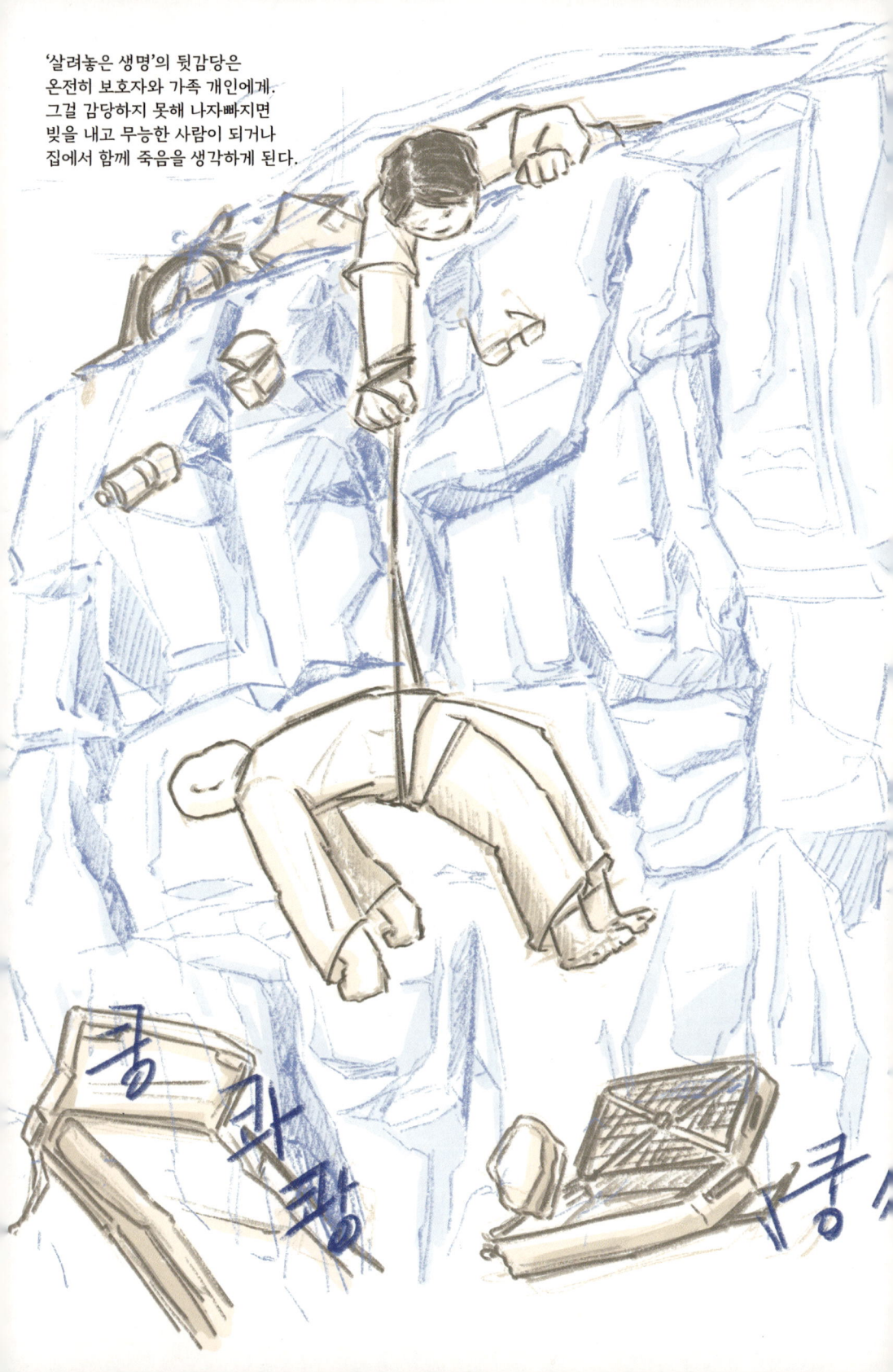

간병살인.

자극적인 기사의 소재로 소비되고 마는 비극.
오늘도 어느 그늘에서 이런 생각을
삼키고 버텨내는 삶과 시간이 있다.

더 이상 집에서 지켜볼 수 없어서
요양병원, 요양원에 가는 거다.
얽매일 수 없으니까.

직접 돌보는 것과 병원에 갖다 바치는 돈 사이를 셈하며
다시 저렴한 외주로 쪼개져
그 노동을 해야 하는 조선족.

그중에도 고령의 약자가 어둠에서
도망치지 못하고 감당해내고 있을 뿐이다.

생명이 소중하다는 당위.
생명이 소중해서
목숨만 유예시켜 놓고 기다리는 삶의 끝.

우리가 평생 네모를 전전하며
살았던 삶의 끝은
다시 한 평도 안 되는 네모 위이다.

그림에 두고 한 말이었는데 가족을 돌보는 일에도 맞는 말이었다.

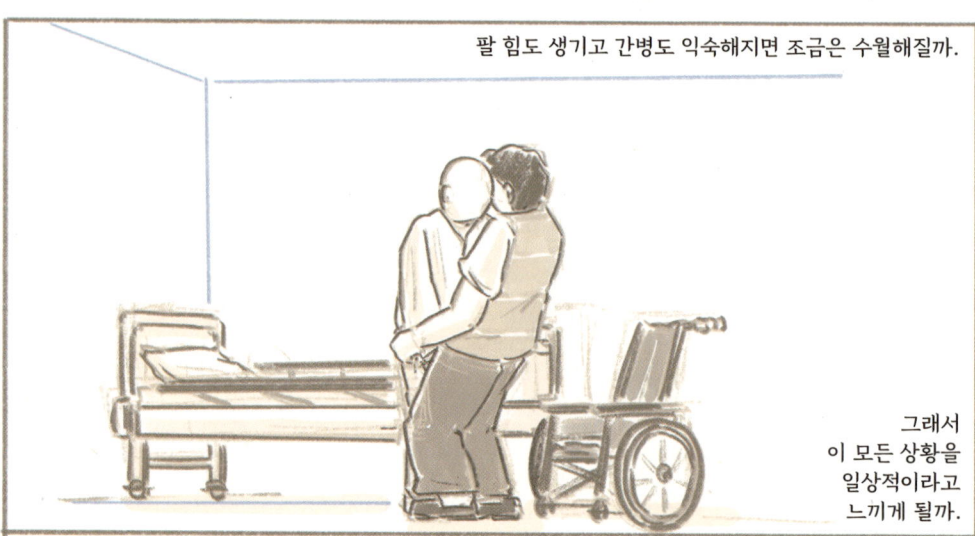

이 두 개가 엉켜있다 보면

내가 성취하지 못한 것이
마치 보현 때문인 것처럼

이곳에 남았기
때문이라고
탓하게 될까.

늘 쫓기는 나는
그것에서 도망치기 위해
계속해서 달리지만,

어둠은 늘 바로 발꿈치
뒤까지 아슬아슬 따라붙어서

이 모든 것이, 치열하게 지켜내려던 삶이,

아무렇지 않게
통째로 어둠에 삼켜져 버릴 것 같아서

두렵다.

에필로그

겨울의 입구에서 시작된 우리의 재난은
두 번의 겨울을 지나고도
여전히 이어졌다.

종종 인상적인
날들은 있었는데,

이거 보시오,
이거!

아저씨
글씨 써요!

아들 이름,
엄마 이름.

이걸
쓰셨다고?

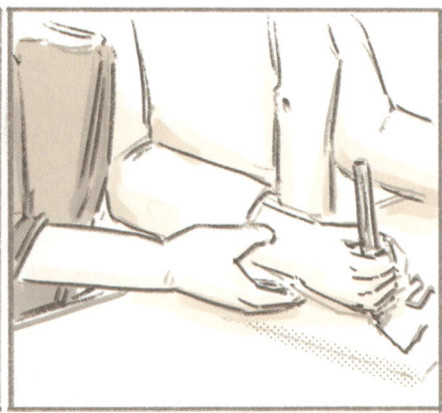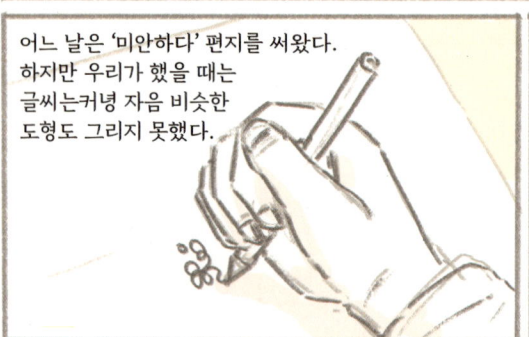

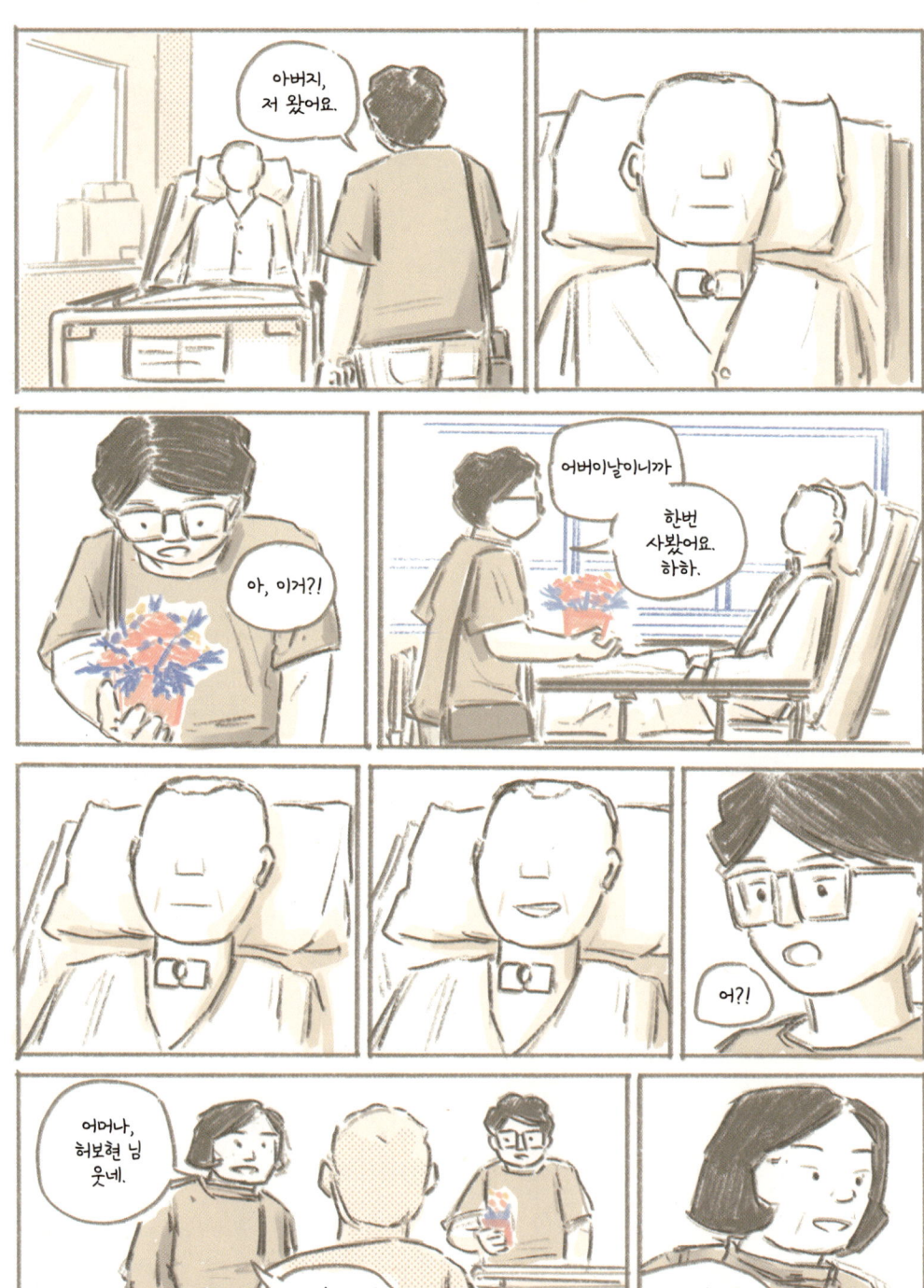

양가 부모님께
인사 올리겠습니다.

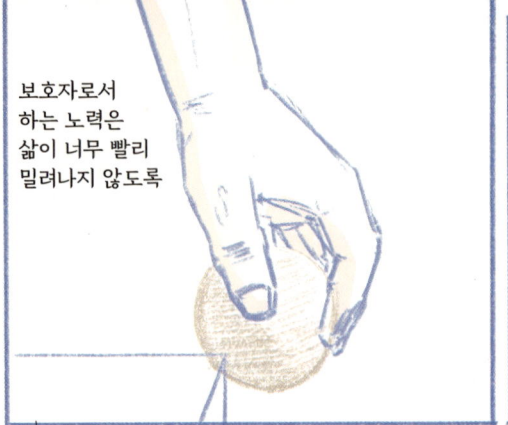

보호자로서 하는 노력은 삶이 너무 빨리 밀려나지 않도록

재난이 가까스로 멈춰 선 그곳에서

삶을 살아내도록 애쓰는 것이다.

매일 마주해도 너무도 낯선 장면을 함께 견디며

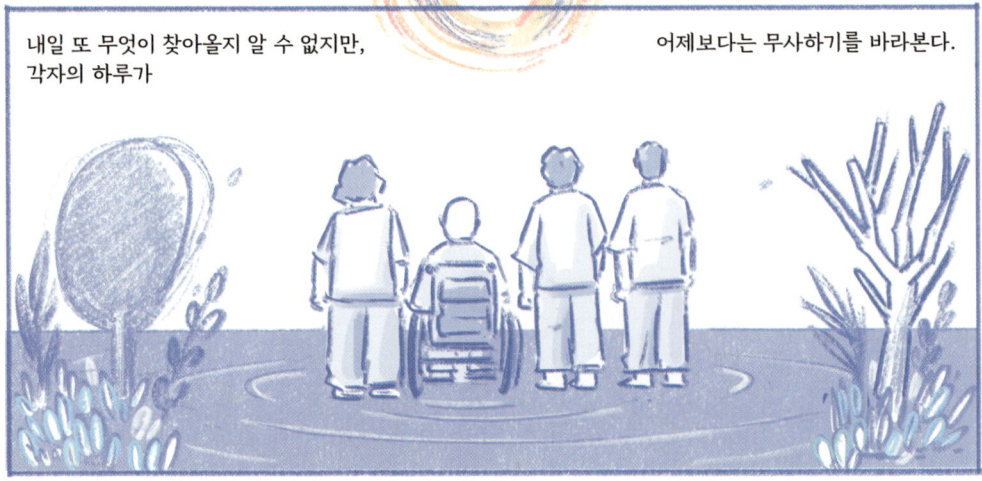

내일 또 무엇이 찾아올지 알 수 없지만, 각자의 하루가

어제보다는 무사하기를 바라본다.

우리의 다음 계절도 무사하기를.

많이 좋아졌네요

1판 1쇄 인쇄 2024년 1월 8일
1판 1쇄 발행 2024년 1월 15일

지은이 | 우영
펴낸이 | 한소원
펴낸곳 | 우리나비

등록 | 2013년 10월 25일(제387-2013-000056호)
주소 | 경기도 부천시 작동로 3번길 17
전화 | 070-8879-7093 , **팩스** | 02-6455-0384
이메일 | michel61@naver.com

ISBN 979-11-91884-45-6 07810

★ 책값은 뒤표지에 있습니다.
★ 본 작품은 한국만화영상진흥원의 '2022 다양성만화 제작지원사업'과
  '2023 만화출판 지원사업'의 선정작입니다.